JN415933

AI와 전문직의 미래

인공지능총서

인공지능 시대입니다. 기계가 인간의 인지를 대신하고, 사물이 인간을 통하지 않고 다른 사물과 직접 커뮤니케이션합니다. 이에 따른 인간 삶과 문명 변화를 정확히 이해·예측·대응하는 것은 이 시대 우리 모두의 과제입니다. 인공지능총서는 인공지능 기술과 환경의 여러 주제를 10가지 키워드로 정리합니다. 관련 개념과 이론, 학계와 산업계의 쟁점, 우리 일상의 변화를 다룹니다. 인간과 기술의 현재, 미래를 세심히 분석합니다.

일러두기

- 인명, 작품명, 저서명, 개념어 등은 한글과 함께 괄호 안에 해당 국가의 원어를 병기했습니다.
- 외래어 표기는 현행 어문규정의 외래어표기법을 따랐습니다. 다만 '솔루션' 등은 관행을 따랐습니다.

처음이세요?

전문가세요?

지금, 큐알 찍으면

🎁 AI 입문서 바로 선물

📚 당신만의 필독서 추천

📖 500권 요약본 공짜

🎧 오디오북 무료 사용

AI와 전문직의 미래

김예성

대한민국, 서울, 커뮤니케이션북스, 2025

AI와 전문직의 미래

지은이 김예성
펴낸이 박영률

초판 1쇄 펴낸날 2025년 10월 24일

커뮤니케이션북스(주)
출판 등록 2007년 8월 17일 제313-2007-000166호
02880 서울시 성북구 성북로 5-11
전화(02) 7474 001, 팩스(02) 736 5047
commbooks@commbooks.com
www.commbooks.com

이 책은 커뮤니케이션북스(주)가 저작권자와 계약해 발행했습니다.
본사의 서면 허락 없이는 어떤 형태나 수단으로도
이 책의 내용을 이용할 수 없음을 알려드립니다.

© 김예성, 2025

ISBN 979-11-430-1085-8 03500

책값은 뒤표지에 표시되어 있습니다.

차례

AI 시대, 전문직은 사라지는가?

AI 시대, 전문직은 사라지는가?

인공지능이 전문직을 대체할 것이라는 주장이 제기된 것은 어제오늘의 일이 아니다. 하지만 이러한 우려는 새로운 기술이 등장할 때마다 반복되어 온 오래된 이야기이기도 하다. 컴퓨터가 처음 대중화되었을 때, 인터넷이 확산되었을 때, 그리고 스마트폰이 일상화되었을 때, 우리는 비슷한 논란을 경험했다. 그 과정에서 수많은 직업이 사라졌고, 동시에 새로운 직업이 생겨났다. 특히 회계사는 '10년 안에 사라질 직업' 리스트에 반복적으로 이름을 올려 왔다.

그러나 과연 그렇게 되었는가? 오히려 우리는 전문직의 역할과 필요성이 더욱 정교해지고 다양해지는 장면들을 목격해 왔다. 그 이유는 명확하다. 전문직은 단순히 고도의 지식을 보유한 개인이 아니라, 공공의 이익을 위해 국가가 일정 자격과 책임을 부여한 사회적 제도이기 때문이다. 따라서 기술이 아무리 발전한다고 해도, 그 역할이 완전히 사라지는 일은 쉽지 않다. 기술은 일하는 도구와 방식은 바꾸지만, 전문직이 수행하는 핵심 기능–공공성, 신뢰성, 책임성–을 대체하기는 어렵다. 출력된 세븐지에 수기로 작성했던 조서는 이제 엑셀 파일로 대체되고, 계산기 대신 SQL, 파이선을 이용한 데이터 분석이 활용된다. 무거운 조서 가방과 회계 기준서 대신 온라인으로 모든 것이 저장되고 검색된다.

변화는 불가피하다. 반복적이고 정형화된 업무는 점차 자동화되고, AI가 데이터를 분석하거나 문서를 초안하는 데 탁월한 역량을 발휘하는 것도 사실이다. 하지만 이로 인해 전문직의 위상이 약화된다기보다는 오히려 그 역할이 재정의되고 있다고 보는 편이 적절할 것이다. AI는 전문직을 도와 더 많은 사람에게 더 정확한 서비스를 제공할 수 있는 기회를 주며, 궁극적으로는 공공의 이익에 더 크게 기여할 수 있도록 한다.

책의 구성

이 책은 이러한 변화의 흐름을 차분히 되짚고자 한다. 전문직의 기원과 존재 이유에서부터 시작해, AI가 일하는 환경을 어떻게 바꾸고 있는지, 그리고 해외에서는 어떤 서비스가 출시되고 있는지, 국외의 협회 및 국가는 어떻게 대응하고 있는지를 살펴본다. 또한 온톨로지

(Ontology)라는 개념을 설명하고 이것이 전문직 영역에 적용되면 어떨지, 그리고 기업의 조직 관리, 컴플라이언스(Compliance)와 재무적 전략적 의사 결정에 AI가 어떻게 개입하고 있는지도 함께 논의한다. 이 과정에서 필자의 여러 경험[회계사, HR(인사관리), 컴플라이언스 오피서, AI 스타트업 CFO(최고재무책임자)]을 바탕으로 기술과 직무의 접점을 찾고자 한다.

1장. 전문직의 기원, 존재의 이유

우리는 일상에서 필요할 때마다 전문가를 찾는다. 그런데 지금 당연하게 여기는 '전문직'이라는 개념은 언제, 어떻게 생겨난 것일까? 전문직의 역사적 탄생 배경, 국제 기준에 따른 정의와 분류, 전문직의 핵심 특징, 한국 전문직의 현황과 과제를 살펴본다.

2장. 생성형 AI와 대규모 언어 모델의 발전과 국가의 관점

AI 기술은 오래전부터 연구되었고, 비로소 세상이 사용할 수 있을 정도가 된 것뿐임에도 오늘날 국가의 주요 어젠다이자 핵심 안보 기술이 되었다. AI 기술의 발전사와 함께 현재 주요국이 이를 어떻게 안보 요소로 바라보고 있는지 살펴본다.

3장. 고객과 일하는 모습이 변한다

"제가 GPT한테 물어보고 조사를 좀 해 왔는데요, 의사 선생님 소견과는 내용이 좀 달라서요, 변호사님 의견과는 관점이 좀 달라서요, 회계사님 생각은 이해했는데 GPT는 이렇게 이야기하더라고요…"라고 상담하는 풍경은 이제 어색하지 않다. AI 도입 후 변화한 고객과의 대화, 업무 방식에 대해 살펴본다.

4장. 업계별 AI 활용 현황

국내외 다양한 기업들이 전문직 업무 효율화를 위한 AI 솔루션을 출시하고 있다. 분야별 주요 AI 기업과 해외 솔루션을 소개한다.

5장. 전문 영역별 AI 도입 현황: 미국, 일본, 독일

AI는 변호사, 의사, 회계사 등 전문직의 업무 방식과 윤리에 큰 변화를 일으키고 있다. 국가별 각 협회의 공식 입장과 지침, 정부 및 규제 당국의 정책과 법률 동향을 살펴본다.

6장. 온톨로지가 전문직의 업무에 도입된다면?

2025년 7월, 딜로이트와 팔란티어가 전략적 파트너십 관계를 발표했다. 전통 기업 컨설팅 강자의 산업별 솔루션과, 온톨로지를 통해 파편화된 데이터가 체계화된다면 얼마나 큰 파급력이 생길까? 온톨로지의 개념을 의료계와 법조계에 확장해 적용할 수 있을까?

7장. AI 시대에 기업은 어떤 인사 의사 결정을 내려야 할까?

언론과 업계는 AI 전환을 대규모 감원의 원인으로 해석하고 있다. 기업은 앞으로 어떤 인재를 찾아야 할까? 어떤 인재가 살아남을까? 누구를 어떻게 보상하고 노조와의 관계는 어떻게 설정해야 할까?

8장. AI 시대에 기업은 어떤 컴플라이언스 의사 결정을 내려야 할까?

컴플라이언스는 단순한 법률 준수를 넘어 기업의 윤리적 경영 문화를 정착시키고 조직과 임직원을 법적·윤리적 리스크로부터 보호하는 핵심 관리 분야로 자리 잡고 있다. AI 관련 법률 도입으로 규제 환경이 변화하고 있다. 기업은 앞으로 리스크를 어떻게 관리하고 선제적으로 방어해야 할까? 경영자의 윤리 의식(Tone at the Top)은 왜 중요할까?

9장. AI 시대에 재무 담당 임원은 어떤 의사 결정을 내려야 할까?

2023년 이후 AI 허니문 기간이 끝나 가고 있다. 자본 시장은 AI 기업을 어떤 기준으로 바라보며, 기업의 AI 기술 투자 의사 결정은 어떻게 내려져야 할까?

10장. AI와 전문직의 미래

전문직 영역은 이미 AI의 영향으로 업무 방식 전반이 전환되고 있다. 특히 GPT 출시 이후, 정보 수집, 요약, 초안 작성 같은 일상적 업무는 대부분 AI로 전환되었고, 전문가는 고차원적 판단과 커뮤니케이션에 집중하는 구조로 변화하고 있다. 급변하는 시대에 어떤 역량을 갖춘 이들이 살아남을 수 있을까? AI 시대에 전문직에게 요구되는 소양은 어떤 것일까?

AI는 전문직의 종말을 예고하는 종소리가 아니라, 새로운 진화를 알리는 출발점일지 모른다. 기술이 인간을 대체하는 것이 아니라, 인간이 기술과 함께 더 나은 사회를 설계할 수 있는 시대, 이 책을 통해 그 가능성을 탐색해 보고자 한다.

01
전문직의 기원, 존재의 이유

“왜 아프면 의사를 찾고, 법적 문제가 생기면 변호사를 찾을까? 왜 회계와 세무 영역은 회계사에게 일임할까?” 우리는 일상에서 필요할 때마다 전문가를 찾는다. 그런데 지금 당연하게 여기는 ‘전문직’이라는 개념은 언제, 어떻게 생겨난 것일까? 전문직의 역사적 탄생 배경, 국제 기준에 따른 정의와 분류, 전문직의 핵심 특징, 한국 전문직의 현황과 과제를 살펴본다.

기후 위기와 인공지능?

역사적 탄생 배경

전문직의 개념은 의외로 새로운 발명이다. 중세 유럽에서는 장인과 상인들이 길드(Guild)라는 조합을 만들어 각자 길드의 전문 영역에 대한 품질 관리와 훈련을 담당했다. 길드는 11세기부터 16세기까지 유럽 경제 · 사회에서 중요한 역할을 하며 직업의 규칙과 교육을 통제하고 고객에게 전달되는 품질을 일정 수준까지 끌어올리는 역할을 했다. 그러나 당시 의사나 변호사 같은 현대적 의미의 전문직은 거의 찾아보기 힘들었고, 길드가 국가의 공인을 받은 것은 더더욱 아니다. 의료계의 경우, 오래전부터 의학 전문 분야와 의사라는 전문직이 존재했으나, 역사학자들은 오늘날의 전문직, 특히 변호사 및 회계사는 매우 최근에야 등장한 것이라며, 산업화가 본격화된 19세기 말에야 직업으로서의 전문직이 형성되었다고 지적한다.

산업혁명은 전문직의 발전을 가속했다. 농업 중심에서 공장제 생산 체제로 바뀌면서 전통적인 길드 기반 조직은 약화되었지만, 대신 과학과 기술이 발달하며 의사 · 변호사 · 엔지니어 등 신종 직업이 생겨났다. 19세기에는 대학과 연구 기관이 늘어나면서 전문 지식이 체계화되었고, 이들 분야 종사자에게 공식적인 교육과 자격증이 요구되었다. 결과적으로 오늘날 우리가 알고 있는 고도로 훈련된 전문가 집단인 전문직은 장인의 개념과는 달리 현대 국가의 기틀 속에서 만들어지기 시작했다.

의사의 역사적 기원

초기 인류 사회에서 질병의 치유자는 샤먼이나 주술사처럼 신과 인간을 연결하는 종교적 존재였으나, 의술이 합리성과 과학의 영역으로 전환되면서 의사의 사회적 위상은 점차 바뀌게 된다.

중세 유럽에서는 이탈리아의 살레르노 의과 대학(9~13세기)이 교육과 면허 제도의 기반을 다졌으며, 아랍·유대 전통의 의학 지식과 그리스-로마 의학이 융합되어 서양 의학의 토대를 마련했다. 1140년 시칠리아의 루제로 2세는 의학을 전공하지 않은 이의 의료 행위를 금지하는 최초의 의사 면허제를 시행했고, 1231년에는 신성로마 제국 프리드리히 2세가 법령을 통해 정규 교육(논리 3년, 의학 5년, 실습 1년)을 이수한 자에게만 의사 면허를 발급하도록 규정했다.

르네상스 시대에는 과학적 해부학과 인체 연구가 본격적으로 발전했다. 베살리우스는 1543년 《인체의 구조에 관해》를 출간해 인체 구조에 대한 이해를 획기적으로 바꾸었고, 파라켈수스는 연금술과 화학을 응용해 질병의 치료 가능성을 넓혔다. 근대 계몽 시대를 거치며 의학은 생리학, 해부학, 세균학 등 자연과학과 긴밀히 결합되었고, 각국은 점차 국가 단위의 면허제와 등록제를 법제화했다. 예컨대 1858년 영국은 「의료법(Medical Act)」을 제정해 영국의사협회(GMC, General Medical Council)를 통해 의사 등록을 국가가 관리하도록 했고, 미국에서는 1847년 미국의사협회(AMA, American Medical Association)가 설립되어 교육과 자격 기준을 표준화했다. 이후 내과 · 외과 · 소아과 등의 전문 분야가 분화되고 전문 학회들이 설립되면서 의사는 고도로 세분화된 전문직군으로 성장했다.

20세기 초 미국에서는 "플렉스너 보고서(Flexner Report)"(1910)가 의학 교육 개혁의 기폭제가 되었다. 이 보고서는 당시 난립하던 의과 대학들을 평가하고, 과학적 교육과 연구 중심의 체계를 갖추지 못한 학교들을 통폐합하도록 권고했다. 현대 의료 윤리는 히포크라테스 선서를 계승하며 정립되었고, 의사는 과학적 지식과 윤리적 책임을 동시에 지닌 사회적 신뢰 직군으로 자리매김했다. 결과적으로 의사는 주술적 치유자에서 출발해 수천 년에 걸쳐 학문, 제도, 윤리의 세 요소를 바탕으로 오늘날과 같은 고등 전문직으로 자리 잡게 되었다.

변호사의 역사적 기원

고대 그리스 · 로마에서도 이미 법률 전문가가 있었다. 아테네의 웅변가는 공식적으로 수임료를 받을 수 없었으나, 로마에서는 클라우디우스 황제 때부터 변호사(iuris consultus)가 법정에서 활동하며 수임료를 받을 수 있게 되었다. 이후 후기 로마 제국과 비잔티움에서는 법조인이 체계화되고 노타리우스(notarius, 서기) 계층이 등장하는 등 전문적인 직업의 영역으로 발전했다.

서유럽 중세 초기에는 로마 제국 붕괴로 법조계가 와해되었으나, 12~13세기에 이르러 교회법과 세속법 전문가가 다시 나타났다. 특히 1231년 프랑스 교회회의에서 변호사는 입회 선서를 하도록 규정한 것을 시작으로(영국 런던에서도 1237년 교황 위임관에 의해 유사한 결정이 내려짐) 13세기에 걸쳐 법조계 직업화가 진행되었다. 1275년에는 영국 의회에서 변호사에 대한 위증 처벌을 법제화했고, 1280년 런던 시장법원에서는 변호사 입회 절차를 마련하는 등 규제가 늘었다. 이 시기에 교회 · 왕실 법원이 법률 전문가의 자격과 윤리를 강조하면서,

변호사는 사법 체제의 필수 구성원이 되었다.

산업혁명기 이후 법률 수요가 폭증하면서 변호사도 대규모 전문직으로 성장했다. 예컨대 미국 식민지에서 1700년경 변호사들은 지역 지도자가 되었고, 독립 전후에는 법률가 중심의 정치 · 사법계가 형성되었다. 19세기 영국에서는 14세기경 설립된 법조인 양성 기관인 네 개의 인즈 오브 코트(Inns of Court: Inner Temple, Middle Temple, Lincoln's Inn, Gray's Inn)가 영국식 바리스터(Barrister, 송무 변호사)를 배출했고, 1825년에는 솔리시터(Solicitor, 사무 변호사)들을 위한 영국법률협회(Law Society of England and Wales)가 창립되었다. 미국에서는 1878년 미국변호사협회(ABA, American Bar Association)가 발족하는 등 법조 직능 제도가 제도화되었다. 변호사들은 고도의 법률 지식과 윤리 규범 교육을 받는 전문직으로 자리 잡았으며, 사회적으로도 높은 지위를 누리게 되었다.

회계사의 역사적 기원

고대 문명에서 회계는 거래와 자산 관리의 기초였다. 예컨대 메소포타미아와 이집트의 신전 및 왕실에서는 수입 · 지출을 기록하는 방법이 발달했으며, 숫자와 문자

체계의 발달은 초기 회계 기록과 밀접히 관련되었다. 인도에서는 이미 1천 년경에 복식 부기를 사용한 '바히카타(Bahi-Khata)' 회계법이 알려졌고, 르네상스 시대 이탈리아에서는 루카 파치올리가 1494년 그의 저서에 복식 부기를 소개했다. 이처럼 장부 작성과 감사의 필요는 중세 유럽의 상업 · 은행업과 맞물려 발전해, 상인 · 은행가 등이 자금 흐름을 점검할 전문 인력의 필요성이 커졌다.

당시 회계원들은 상인의 거래 장부 작성 · 관리와 채무 · 파산 절차에서 중요한 역할을 수행했다. 예를 들어 1831년 영국의 「파산법」에서는 회계사(accountant)를 상인 · 은행가와 함께 감사(audit)를 수행할 전문가로 최초로 언급했는데, 이는 회계사 직능이 공적으로 인정된 사례다.

19세기에 들어 조직화된 전문직으로 발전하면서 각국에 회계사 협회가 생겨났다. 세계 최초의 회계사 전문 기관은 1854년 영국 스코틀랜드에서 로열 칙허를 받은 스코틀랜드공인 회계사협회(ICAS)였고, 이어 1880년에는 잉글랜드 · 웨일스공인 회계사협회(ICAEW)가 설립되었다. 미국에서도 1887년 미국공인 회계사협회(American Association of Public Accountants, 현 AICPA)가 출범

하는 등 회계사 제도가 자리 잡았다. 영국에서는 ICAEW (1880)와 ICAS(1854) 같은 공인 회계사회가 설립되었고, 미국의 AICPA(1887), CIMA(1919) 등도 회계사 자격 제도를 발전시켰다.

영국과 미국 회계사 단체는 초창기 강한 연계성을 가졌으며, 19세기 말까지 미국 회계의 발전에는 영국식 회계 관행과 교육이 큰 영향을 미쳤다. 그 결과, 회계사는 초기의 상업 거래 보조자에서 벗어나 이사회 · 법원 등에서 기업 · 파산 · 세무 감독 등의 고급 전문직으로 인정받게 되었다. 19세기 후반 「회사법」이 개정되고, 기업 회계 기준이 제정되면서 회계 감사 제도가 확립되었고, 이를 통해 회계사 전문성 강화에 기여했다.

국제 표준에 따른 전문직 정의와 분류

국제노동기구(ILO)의 국제표준직업분류(ISCO-08)에서는 직업을 수행하는 데 필요한 "숙련 수준(skill level)"과 "숙련 전문성(skill specialization)"에 따라 구분한다. 여기서 숙련 수준이란 주로 직무의 복잡성(complexity)과 요구되는 교육 · 훈련 수준에 의해 측정된다. 즉, 단순 반복 업무에는 낮은 수준의 숙련이 필요하고, 복잡한 업무일수록 더 높은 교육과 훈련이 요구된다는 의미다.

ISCO-08의 분류에 따르면, 가장 높은 숙련 수준(Level 4)에 해당하는 직업을 전문가(Professionals) 로 구분한다. 예를 들어 변호사 · 의사 · 회계사 · 교사 · 엔지니어 등이 여기에 포함되며, 이들은 대개 4년제 대학 이상의 교육 과정을 거친 뒤 면허나 자격을 취득해야 한다. 실제로 ILO 자료에 따르면 ISCO의 대분류 그룹 2(Major Group 2)에 속하는 '전문가' 직종은 모두 최상위 숙련 수준에 해당하며, 이를 충족하려면 일반적으로 대학 학위(혹은 이와 동등한 수준)의 교육이 필요하다.

즉, ILO 국제 표준은 전문직을 "복잡하고 어려운 문제를 해결할 수 있는 고도의 교육과 훈련을 갖춘 직업"으로 정의하고 있다. 이러한 분류 기준은 전문직이 단순 노동이 아닌, 공식적이고 체계적인 지식 체계를 기반으로 존재하고 있다는 점을 강조한다. 한국에서도 경제협력개발기구(OECD) 통계 등을 참고할 때 변호사, 의사, 회계사 등은 모두 '최고 수준 숙련 전문가' 범주에 해당한다.

전문직의 업무의 특징

국제표준직업분류(ISCO-08)뿐만 아니라, 일반적으로 전문직이 수행하는 업무의 가장 큰 특징은 고등 교육과 전문 지식에 기반해 국가가 인정한 또는 제한한 고유의 업무 영역을 수행하는 것에 있다.

의사는 의료 활동을, 변호사는 송무를, 회계사는 감사 및 세무 신고를 담당하며, 이를 수행할 수 있는 전문 지식을 보유했는지 확인하고, 자격을 국가가 부여하고, 이들 외에는 이 업무를 수행할 수 없도록 하는 것이 전문직 업무의 특징이다.

전문직 종사자는 오랜 시간 실전 및 임상을 경험하며 축적된 이론적 · 실무적 지식을 보유한다. 이 지식은 단순 암기가 아니라 사례 해결, 문제 분석에 적용되는 체계적인 경험으로 쌓게 된다. 이들의 업무는 공공선과 밀접하게 연계되어 있기 때문에 직능에 대한 윤리 규범과 사회적 책임이 특히 강조된다. 의사의 경우 환자의 생명, 변호사는 의뢰인의 권리를 다루며, 회계사의 경우 개인/기업의 재무적 민감 정보를 다루고 판단하기 때문에, 엄격한 직업 윤리를 준수하는 것이 요구된다.

전문직은 자율성과 권한을 어느 정도 부여받는다. 직장 상사나 고객의 직접적인 통제를 받기보다, 전문가 집단 내부의 자기 규제를 통해 전문성과 업무 기준을 관리한다. 이는 전문직에 높은 사회적 신뢰가 부여되기 때문이다. 예를 들어 의료 환자는 의료 판단에 대한 전문성을 믿고 의사에게 본인의 신체에 대한 치료를 맡기며, 법률 소비자는 변호사의 법적 판단을 신뢰한다. 회계/세무 이슈를 해결해야 하는 개인과 기업은 해당 영역에 대한 전문 지식과 경험에 기반한 전문성을 믿고 회계사에게 업무를 의뢰한다. 즉, 상황마다 조금씩 다르지만 전문직 구성원은 공공의 이익을 위해 윤리적으로 직무를 수행해야 할 책임을 지니며, 전문 지식을 적용할 때 사회가 인정한 가치와 기준을 따른다.

요약하자면, 전문직은 대체로 높은 교육 수준, 전문화된 지식, 강한 윤리 의식, 자율적 업무 수행, 사회적 신뢰 등을 핵심으로 삼는다. 이런 특징이 있으므로 대중은 전문직에게 권위를 부여하고, 전문직은 그 대가로 공익 기여를 약속하게 된다.

참고문헌

Britannica. 항목 'Hippocrates',
https://www.britannica.com/biography/Hippocrates

International Standard Classification of Occupations (ISCO),
https://ilostat.ilo.org/methods/concepts-and-definitions/classification-occupation/

Lincoln's Inn. The History of the Inn,
https://www.lincolnsinn.org.uk/about-us/the-history-of-the-inn

OER Collective. The origins of the professions.

https://oercollective.caul.edu.au/
Roberts, A. R.(n.d.). American accountancy, An overview, 1875-1900. Department of Accounting, University of Missouri, https://thebhc.org/sites/default/files/beh/BEHprint/v004/p0098-p0108.pdf
Wikipedia. 항목 'Flexner Report', https://en.wikipedia.org/wiki/Flexner_Report
Wikipedia. 항목 'History of accounting', https://en.wikipedia.org/wiki/History_of_accounting

02
생성형 AI와 대규모 언어 모델의 발전과 국가의 관점

2022년 말 출시된 GPT 3.5는 세상을 놀라게 했다. 2025년 4월 전 세계는 지브리풍 이미지 생성 열풍에 휩싸였다.
그러나 AI 기술은 오래전부터 연구되었고, 비로소 세상이 사용할 수 있을 정도가 된 것뿐이다. 그럼에도 현재의 AI 기술은 국가의 주요 어젠다이자 핵심 안보 기술이 되었다. AI 기술의 발전사와 현재 주요국이 이를 어떻게 안보 요소로 바라보고 있는지 살펴본다.

노래하는 AI 보컬?

생성형 인공지능과 LLM의 탄생

인공지능의 출발은 1949년 현재 컴퓨터의 원조로 불리는 에드삭(EDSAC)의 가동에서부터 시작되었다. 이후 1950년 튜링 테스트를 거쳐 1956년 다트머스 칼리지에서 개최된 학술회의에서 처음으로 인공지능(Artificial Intelligence)이라는 용어가 사용됐다. 1960년대 이후 자연어 처리 시스템, 인공 신경망 및 퍼셉트론, 전문가 시스템에 대한 연구를 거쳐 왔고, 2012년 알렉스넷을 통해 딥 러닝의 시대가 비로소 열리게 되었다.

2012년 구글 연구진이 발표한 워드투벡(Word2Vec) 기술은 단어와 단어를 벡터로 표현해 서로의 의미 관계를 계산할 수 있게 되어 이후의 언어 모델 발전의 단초가 되었다. 2017년 구글 브레인(Brain) 팀이 공개한 유명한 논문 "Attention is All You Need"에서는 트랜스포머(Transformer) 아키텍처가 최초로 제안되었다. 트랜스포머는 셀프어텐션(self-attention) 메커니즘으로 입력 문장 내 각 단어의 문맥을 파악할 수 있어, 이후 거의 모든 대규모 언어 모델(GPT, BERT, T5 등)의 기반이 되었다.

2018년 오픈AI(OpenAI)는 GPT-1을 발표하며 트랜스포머를 적용한 최초의 대규모 언어 모델(LLM)을 세상에

선보였다. GPT-1은 약 11억 개의 파라미터를 사전 학습(pre-training)해 번역, 질의응답, 텍스트 생성 등 여러 작업에서 의미 있는 성능을 보여 준 바 있다. 이듬해인 2019년 모델 규모를 키운 GPT-2(15억 파라미터)가 공개되어 주목받았고, 2020년 1,750억 파라미터의 GPT-3를 발표했는데, 이 시점부터 언어 모델의 규모와 성능이 급격히 성장하는 전기가 마련되었다. GPT-3은 복잡한 질의응답과 텍스트 생성에서 놀라운 성능을 보였지만, 동시에 환각(hallucination)이나 유해 콘텐츠 생성 같은 문제도 함께 나타났다.

2022년 말, GPT-3.5 기반의 챗GPT 서비스가 공개되어 대중의 관심이 집중되었다. 출시 5일 만에 사용자 100만 명, 두 달 만에 1억 명을 넘는 등 엄청난 속도로 확산되며 인공지능 붐을 일으켰다, 2023년 3월 오픈AI는 GPT-4를 유료로 공개했고, 이 모델은 잘못된 정보 · 유해성 생성 가능성을 줄이고, 추론 능력과 요약 능력을 크게 개선했으며, 이미지 입력을 해석할 수 있는 멀티모달(Multimodal) 형태를 갖추었다.

2023년과 2024년은 오픈AI 외에도 많은 기업들이 앞다퉈 모델들을 출시했다. 구글의 바드(Bard), 메타(Meta)의 라마(LLaMA), 앤트로픽(Anthropic)의 클로드

(Claude)가 출시되었으며, 이후 클로드 2, 라마 2, 미스트랄(Mistral), xAI 의 그록(Grok)이 숨 가쁘게 출시되었다. 2024년에 출시된 클로드 3는 하이쿠(Haiku), 소네트(Sonnet), 오푸스(Opus) 세 버전으로 구성된 모델군으로, 자연어 추론, 분석, 코드 생성, 비영어 언어 이해 등 다양한 작업에서 업계 최고 수준의 능력을 보여 주었다. 구글의 제미나이(Gemini)는 구글의 차세대 모델로, 계산 효율을 위해 전문가 혼합(MoE, Mixture-of-Experts) 구조를 도입하고, 최대 백만 토큰의 초장기(context) 이해를 실험하는 특징으로 시작했다. 구글은 최근 노트북 LM(Notebook LM)(영어, 한국어 모두)을 출시했고, 구글 제미나이를 구글 워크스페이스(Workspace)에 연동할 수 있도록 출시했는데 사용자의 반응이 매우 뜨겁다.

글로벌 빅테크 기업의 폐쇄형 모델뿐만 아니라, 개방형 모델과 국가별 자국어 특화 모델도 개발되었다. 스태빌리티 AI(Stability AI)의 스테이블 디퓨전(Stable Diffusion)(2022), 메타의 라마 시리즈(2023~) 등 오픈 소스 모델이 등장해 투명성과 접근성을 높였고, 중국 딥시크(DeepSeek)는 고효율 LLM을 오픈 소스로 공개했다. 한국에서는 2021년 카카오브레인이 60억 파라미터 규모의 한국어 특화 코GPT(KoGPT)를 공개했고, 2023년

네이버는 한국어 맞춤형 하이퍼클로바 X(HyperCLOVA X)를 발표했으며, 2024년 LG AI연구원은 7.8억 파라미터의 엑사원(EXAONE) 3.0을 연구 목적의 오픈 소스 모델로 공개해 글로벌 모델과 견줄 만한 성능을 보여 주고 있다. 이처럼 LLM 기술은 규모와 적용 분야, 개방성 측면에서 짧은 시간에 비약적으로 발전해 왔다.

AI 기술 수준의 특징과 한계

대규모 언어 모델은 사람과 유사한 수준의 자연어 생성 · 이해 능력을 보이며, 요약, 번역, 문서 검색, 코드 생성 등 다양한 작업에 활용된다. 최신 모델들은 학부 수준의 과제, 고급 연구 문제, 수학 문제 해결 등 여러 평가에서 인간 혹은 이전 모델을 능가하는 결과를 보여 주고 있다. 멀티모달 기능도 진전되어 GPT-4o는 텍스트 · 음성 · 이미지 · 동영상 모든 입력을 처리할 수 있고, 실시간으로 반응할 수 있다. 클로드 3는 기업용 대화에서 수 초 내에 방대한 정보를 이해 · 요약할 수 있으며, 구글 제미나이 1.5 프로는 1시간 분량 비디오도 분석해 내용을 종합할 수 있고, 노트북 LM은 PDF 자료를 넣으면 팟캐스트 형식으로 변경해 주기도 한다.

그러나 여전히 한계와 문제가 있다. LLM은 훈련 데이터에 없는 정보를 요구받으면 그릇된 확신과 잘못된 답변(환각)을 만들어 낼 수 있다. 복잡한 추론이나 수학 문제에서는 여전히 실수가 많으며 제한적 기억 장치로 인해 긴 대화에서 맥락을 놓치기도 한다. 학습 데이터의 편향이 그대로 반영되어 성별 · 인종 · 정치적 편향을 가진 출력이 나올 위험이 있고, 보안 면에서도 악성 코드 작성 등의 악의적 사용을 충분히 방지하지 못할 가능성이 있다. 또한 LLM은 훈련 시점까지의 데이터만 아는 한계를 가지므로 실시간 정보가 즉시 반영되지 못하며, 컴퓨팅 비용과 환경 부담도 여전히 높아 일반적이고 광범위한 서비스 적용에는 아직 한계가 있는 편이다. MCP(Model Context Protocol)의 도입, sLM(Small Language Model, 소형언어모델)의 발전 등으로 특정 분야의 문제를 해결하거나, RAG(Retrieval Augmented Generation, 검색증강생성)를 통해 사전에 학습된 내용에 대해 응답하는 기술은 점차 개선되고 있으나 아직 ANI(Artificial Narrow Intelligence, 협소인공지능)에 머무르고 있으며, 범용적이고 대중적인 AGI(Artificial General Intelligence, 일반인공지능)의 도달에는 몇 년의 시간이 더 걸릴 것으로 보인다.

국가적 안보 요소로 격상된 인공지능

앞서 서술한 인공지능의 한계에도 불구하고, 인공지능은 많은 나라에서 국가적 어젠다로 다루며, 높은 안보 요소로 인식되고 있다.

미국은 2010년경부터 인공지능을 국가 경쟁력과 안보의 핵심 요소로 인식하기 시작했다. 2018년 제정된 국가 안보위원회의 AI 위원회(NSCAI)는 AI 시대에 대비한 대응 체계를 권고했으며, 2019년 2월 도널드 트럼프 대통령은 「행정명령(EO 13859)」을 통해 "미국의 인공지능 분야 선도적 지위 유지는 미국 경제와 국가 안보를 유지하는 데 가장 중요한 의미를 갖는다"라고 명시했다. 이 이니셔티브는 연방 정부 주도로 AI 연구 · 개발 투자, 컴퓨팅 인프라 확보, 인력 양성 등을 추진하며, 미국의 AI 리더십을 공고히 하고자 했다.

바이든 행정부(2021년~)는 이 기조를 계승하면서 AI를 국가 안보 전략의 중핵으로 격상했다. 백악관은 2025년 1월 「안전하고 신뢰할 수 있는 AI 개발 · 사용을 위한 행정명령(Executive Order on Advancing United States Leadership in Artificial Intelligence Infrastructure)」을 발표하며, "첨단 AI 역량은 군사 작전 · 정보 분석 · 사이버 보안 등 국가 안보 분야에도 활용될 수 있는 심대한 기회를 제공한다"라고 선언했다. 앞서 2024년 10월 발표된 AI 국가 안보각서(AI NSM)에서는 "일반 목적의 대규모 AI 모델(파운데이션 모델)의 발전이 국가 안보 미션을 어떻게 변모시킬지 긴급히 고려해야 한다"며 AI 리더십과 안보 목표를 공식 연결했다. 실제로 AI NSM 제1절은 "새로운 AI 역량은 국가 안보를 강화할 기회를 제공한다"라고 명시했고, 제4절에서는 "AI를 국가 안보 미션을 효과적으로 달성하는 데 활용하는 것"을 미국 정부의 정책 목표로 삼았다. 이처럼 공식 문서에서 일관되게 강조되는 것은 AI가 경제뿐 아니라 군 · 방위, 정보 수집 · 분석, 사이버 방어 등 국가 안보 이익과 직결된다는 인식이다.

두 행정부 모두 중국과의 기술 경쟁을 AI 전략의 주요 동력으로 삼았다. 트럼프 행정부 시기 이미 중국의 「중국제조 2025(中国制造2025)」 같은 기술굴기 계획이 거론되었고, 바이든 행정부는 더 직접적으로 이를 경계했다. 의회 청문회 발언에서 테드 크루즈 상원의원은 "AI 선두 국가는 21세기 글로벌 질서를 주도할 것"이라며, "중국은 2030년까지 AI 세계 1위를 목표로 전략화하고 있다. 미국은 규제를 강화할 것이 아니라 혁신으로 중국을 앞서야 한다"는 입장을 밝혔다. 이와 같은 인식은 정부 차원의 적극적인 대응을 촉발하고 있다.

기술 격차에 대한 인식도 미국의 AI 전략에 큰 영향을 미쳤다. 최근 2025년 4월 중국계 펀드사인 하이플라이어(High-Flyer)가 개발한 오픈 소스 LLM(DeepSeek) 사례가 대표적이다. 딥시크 출시 이후 미 하원 과학위원회에서 열린 "딥시크: 심층 탐구(DeepSeek: A Deep Dive)" 청문회는 딥시크 모델의 능력과 미국 기술에 미치는 파급 효과를 집중 검토했다. 청문회 의사록은 딥시크의 신형 모델이 어떻게 개발되었는지, 그리고 미국과 중국 간 AI 전략 경쟁 맥락에서 이 모델이 미국 기술 경쟁력에 어떤 영향을 미치는지 등을 분석했다. 앤트로픽의 전 정책 담당자 잭 클라크도, "딥시크 R1 모델은 공개 시점에 미국 최첨단 모델보다 약 6개월 정도 뒤처져 있었지만 여전히 상당한 역량을 보였다"며 "미국이 AI 주도권을 유지하려면 정부가 필요한 인프라와 평가 역량을 확보해야 한다"라고 지적했다. 즉, 중국 같은 나라들의 대규모 AI 모델 개발은 미국에 긴장을 주었고, 미국 정부가 전략적 자원(인력 · 컴퓨팅 · 데이터 등)과 규제 · 통제 정책을 조율하는 계기가 되었다.

이 같은 여건에서 미국은 핵심 기술 통제와 국가 주도 연구 · 개발(R&D)에 적극 나서고 있다. 핵심 기술 통제의 일례로, 미 상무부는 2022년 말부터 중국 등에 수출되는 고성능 AI칩(NVIDIA A100/H100 등)에 대한 제한을 잇따라 강화했다. 바이든 행정부는 2025년 1월에는 AI 모델의 훈련 데이터 · 모델 가중치 등 핵심 요소의 해외 유출을 규제하는 「AI 확산 통제 규정(AI Diffusion Rule)」 초안을 발표(5월 시행 예정)했으나, 이 규정이 "미국 혁신을 위축시킬 것"이라는 비판이 일면서 2025년 5월 상무부가 철회 발표를 했다. 이러한 움직임은 미국이 국가 안보 관점에서 중국 등 경쟁국에게 기술이 흘러가는 것을 경계한다는 사실을 보여 준다.

무엇보다 백악관과 연방 정부는 빅테크 · 하이퍼스케일러(Hyperscaler)들과의 협의를 활발히 진행해 왔다. 2023년 5월에는 해리스 부통령과 백악관 참모진이 오픈AI, 앤트로픽, 마이크로소프트, 구글 등 AI 분야 선도 기업의 최고경영자(CEO)들과 간담회를 열고, AI 위험 대응과 책임 있는 혁신을 논의했다. 같은 해 7월에는 아마존, 구글, 메타, 마이크로소프트, 오픈AI 등 7개 기업을 백악관에 초청해 AI의 안전 · 보안 · 신뢰 확보를 위한 자발적 이행 약속을 받아 냈다. 2024년 9월에는 AI 인프라 협력을 위해 데이터센터 · 전력 회사 등 에너지 분야 기업들과도 라운드테이블을 개최했고, 이를 계기로 AI

데이터 센터 건설을 전담하는 연방 "AI 데이터센터 인프라 태스크 포스"를 발족했다. 이처럼 백악관은 주요 AI 기업 및 관련 산업을 수시로 소집해 정책 방향과 위험 관리 방안을 조율하고, 기업 역시 안전 조치, 정보 공유 등에 참여하기로 했다. 다만 현재까지 공식 상설 협의체는 발족하지 않았으나, 국가과학기술위원회(NSC) 산하 인공지능자문위원회(National AI Advisory Committee) 등 일정 자문기구가 활동 중이며, 필요한 경우 위와 같은 실무 회의를 통해 민관 협력을 조정하는 것으로 보인다.

정리하면, 미국은 1기 트럼프 행정부 시절부터 인공지능을 미래 안보와 경제의 핵심 요소로 규정해 왔고, 바이든 행정부와 2기 트럼프 행정부를 거치며 더욱 이를 구체화하고 있다. 특히 중국 등 경쟁국의 LLM 개발 현황을 경계하면서, 미국 주도의 인공지능 생태계 육성, 핵심 AI 기술 수출 통제, 민관 협력 강화라는 전략을 중심에 두었다. 양국의 기술 경쟁 속에서 미국의 정책 방향은 '민간 혁신 촉진'과 '안보 위협 차단' 두 축으로 요약되며, AI 기술과 인프라가 국가 안보와 국가 경쟁력 차원에서 다뤄지고 있음을 확인할 수 있다.

참고문헌

이상은(2024.11.6). "미국 AI 국가 안보각서(AI NSM) 분석 및 시사점". 한국지능정보사회진흥원, https://nia.or.kr/site/nia_kor/ex/bbs/View.do?cbIdx=82618&bcIdx=27395&parentSeq=27395

AI와 함께하는 세상. https://agi-chatgpt.com/

The White House(2023.5.4). Readout of White House meeting with CEOs on advancing responsible artificial intelligence innovation, https://bidenwhitehouse.archives.gov/ostp/news-updates/2023/05/04/readout-of-white-house-meeting-with-ceos-on-advancing-responsible-artificial-intelligence-innovation/

The White House(2024.10.24). Memorandum on advancing the United States' leadership in artificial intelligence; Harnessing artificial intelligence to fulfill national security objectives; and Fostering the safety, security, and trustworthiness of artificial intelligence, https://bidenwhitehouse.archives.gov/briefing-room/presidential-actions/2024/10/24/memorandum-on-advancing-the-united-states-leadership-in-artificial-intelligence-harnessing-artificial-intelligence-to-fulfill-national-security-objectives-and-fostering-the-safety-security/

The White House(2025.1.14). Executive order on advancing United States leadership in artificial intelligence infrastructure, https://bidenwhitehouse.archives.gov/briefing-room/presidential-actions/2025/01/14/executive-order-on-advancing

-united-states-leadership-in-artificial-intelligence-infrastructure/

03
고객과 일하는 모습이 변한다

"제가 GPT한테 물어보고 조사를 좀 해 왔는데요, 의사 선생님 소견과는 내용이 좀 달라서요, 변호사님 의견과는 관점이 좀 달라서요, 회계사님 생각은 이해했는데 GPT는 이렇게 이야기하더라고요…"라고 상담하는 풍경은 이제 어색하지 않다. 고객과 내가 일하는 방식이 달라지고 있다.

인공지능과 편향?

모두가 사용함, 누구도 알리지 않음

변화하는 기술에 적응하며 변호사 · 의사 · 회계사 등 전문직 종사자들도 AI를 업무 도구로 적극 활용하고 있지만, 이를 굳이 대외적으로 홍보하지는 않는다. 톰슨 로이터(Thomson Reuters)가 실시한 조사에 따르면, 전 세계 1,800여 명의 법률 · 세무 · 회계 전문가 중 대다수는 AI를 '적'이 아니라 '동반자'로 인식하고 있다. 실제로 2024년 전체 조직 중 12%만이 생성형 AI를 적극 사용한다고 답했지만, 2025년에는 그 비율이 22%로 급증했다. 특히 반복적이고 정형화된 업무가 많은 세무 · 회계 분야에서는 도입률이 작년 8%에서 올해 21%로 세 배 가까이 늘었다. 하지만 많은 전문 서비스 회사들은 여전히 "AI를 활용한다"는 사실 자체를 공개적으로 강조하지 않는다. 오히려 고객이 '기계가 대신했다'고 느낄까 봐 조심스러운 것이다. 이러한 딜레마 때문에 AI 활용률과는 별개로 홍보는 제한적이며, 실제로 고객 다수는 AI 기반 서비스를 긍정적으로 바라보지만 해당 전문 회사들의 AI 도입 여부를 모르는 경우가 많았다.

그뿐만 아니라, 법률 · 의료 · 회계 분야에서 전문직뿐만 아니라 고객(환자)들의 AI 활용도가 높아지면서, 전문가들은 전에 수행하던 역할과 달리 새로운 방식으로 고객과 협업해야 한다.

법률 업계의 변화

변호사들은 이미 고객들의 사전 지식수준이 높아진 것을 체감하고 있다. 실제로 AI 법률 상담 앱이나 챗봇의 등장으로 많은 내담자들이 간단한 법률 쟁점을 스스로 검색하고 초안을 작성해 오는 일이 늘었다. 《한국경제》와의 인터뷰에서 한 변호사는 "최근 고객사 법무 담당자에게 '요즘 웬만한 자문은 챗GPT로 충분히 커버된다'는 말을 들었다"라고 털어놓았다. 고객이 소장을 직접 작성해 변호사에게 검토만 의뢰하는 경우도 점차 늘어나고 있다. 단순·반복적인 법률 자문 업무는 AI가 대체하면서 소위 기존의 밥그릇이 위협받고 있는 것이다. 그뿐만 아니라, 이에 관한 다수의 부작용도 발견되고 있다. 고객이 핵심을 짚어 소장을 작성하는 경우도 있는 반면, 더 이상 적용되지 않는 조문이나 판례를 검토하는 경우도 존재하고, 영국에서도 AI가 존재하지 않는 판례를 생성해 법정에 제출해 논란이 된 적도 있다. 이처럼 AI가 만든 정보는 항상 오류를 포함할 수 있기 때문에, 고객들이 AI가 생성한 오정보에 지나치게 의존할 때 전문가가 이를 바로잡아야 하는 부담도 커지고 있다.

한편, 복잡한 소송 과정에서는 오히려 변호사의 역할이 더 중요해지고 있다. 《한국경제》 보도에 따르면, 충정 로펌의 한 변호사는 "분쟁 해결 과정에서 판사, 상대방 및 의뢰인에 대한 설득과 판단은 여전히 인간의 영역"이라며, "AI 시대에도 변호사의 송무와 분쟁 해결 역량이 더욱 중요해질 때"라고 강조했다. AI가 단순한 법률 정보 제공을 자동화하는 상황에서, 법률가들은 전문 분야를 깊이 연구해 차별화되고 고도화된 서비스를 제공할 필요가 있다. 실제로 변호사는 "AI 기술 발전으로 간단한 정보 제공은 자동화되지만, 변호사가 전문적이고 고도화된 법률 서비스를 제공하면 오히려 고객 수요가 몰릴 것"이라고 전망했다. AI에 맡길 수 없는 법정에서의 인간적인 설득력, 풍부한 경험과 전문성이 변호사에게 더욱 중요해지고 있다.

의료업계의 변화

의료 분야에서도 AI는 환자 진료와 병원 운영 전반에 도입되고 있다. 병원 영상 판독을 예로 들면, AI 영상 분석 솔루션을 도입한 모 병원에서는 CT · MRI 등의 영상 중 이상 부위를 먼저 식별해 줌으로써 영상 판독 시간을 40% 이상 단축했다. AI는 사람보다 피로도에 덜 취약해 초기 미세 병변이나 징후를 포착해 내는 데 도움을 줬고, 그 결과 오진율과 재검사율도 감소했다. 또 의료 챗봇을 활용하면 환자가 비대면 상담을 통해 증상을 입력하고 검사 예약까지 자동으로 이뤄져, 불필요한 병원 방문이 줄어들 수 있다. 이처럼 AI 도입 후에는 진단 속도가 빨라지고, 환자 만족도가 올라가며, 병원 효율성이 개선되는 긍정적인 성과들이 나타났다.

환자와의 관계에서도 변화가 감지된다. 인터넷 정보 검색에 익숙한 환자들은 진료 전에 스스로 GPT를 통해 증상이나 약물 정보를 파악하고 오는 경우가 늘고 있다. 환자가 챗봇 상담 결과를 참고해 상담 중간에 즉시 질문을 하는 사례도 흔하다. 이에 의사들은 환자에게 AI가 도출한 정보를 설명하거나 보완하기 위해 추가 설명을 해 주어야 한다. 요컨대 환자의 "AI 용어"를 전문가적 시각으로 해석·판단해야 하는 셈이다.

삼성서울병원·세브란스병원·서울아산병원 등에서는 의사들이 AI 연구와 모델 개발에 적극 참여하면서, 임상 현장에서도 AI를 도입해 성과를 내고 있다. 예를 들어, 서울아산병원 팀은 AI가 제안한 최적 스텐트(관상동맥 스텐트) 크기를 기반으로 시술해 환자 상태를 성공적으로 개선하기도 했다. 이처럼 의료 AI는 임상 결정과 치료 방침 수립 과정에 보조자로 활용되며, 의사들은 환자를 보다 전인적으로 돌보는 데 집중할 기회를 얻는다.

그럼에도 의료진들은 AI 도입에 신중하다. 주요 이유 중 하나가 책임 소재 문제다. 인공지능이 내린 진단을 참조해 치료했을 때, 만약 오류로 인해 환자에게 악영향이 발생하면 누가 책임져야 하는지가 분명치 않기 때문이다. 한국보건산업진흥원 보고서에 따르면, 현재 한국에서는 AI를 활용한 치료 결과에 문제가 생겨도 최종 판단 기준(표준 치료 여부 등)을 의료인이 다수 가지기 때문에 의사가 AI 사용에 소극적일 수밖에 없는 상황이다. 실제로 국내 「의료법」상 AI는 '보조 도구'로 간주되어 최종 진단 권한과 책임은 의사가 지게 된다. 따라서 의사는 AI 결과를 참고하되 반드시 검증 과정을 거쳐야 하고, AI 오류에 대해서도 최종적으로는 자기 검증이 중요하다. 이 밖에도 환자 개인정보 보호, AI 편향성, 의료 윤리 등 다양한 과제가 논의 중이다.

회계, 세무업계의 변화

회계 · 세무 분야 역시 AI 도입이 활발하다. 대형 회계 법인들은 전통적으로 엑셀 · 문서 분석 등 대량의 수치 작업에서 AI의 이점을 일찌감치 발견했다. 회계업무 특성상 방대한 데이터 입력과 문서 분석이 많아, 사소한 실수도 큰 문제로 이어지지만 사람이 하기에는 지나치게 반복적인 업무가 많다. 이에 국내 회계 빅4(삼일PwC, 삼정KPMG, EY한영, 딜로이트 안진)와 계열사들은 자체 AI 시스템을 개발 · 도입해 회계사들이 반복 업무 대신 부가가치가 높은 일에 집중하도록 돕고 있다.

구체적인 사례로는 삼일PwC는 전문 분야 번역에 특화된 생성형 AI 모델 '링고'를 개발해 국제기계번역대회에서 챗GPT를 제치고 1위에 올랐다. 또한 회계 기준서와 삼일 내부 문서를 학습한 AI 어시스턴트 'AI 어카운턴트'는 실무에서 복잡한 판단이 필요한 특수 관계자 여부에 대해 높은 수준의 답을 제시한다. 삼일PwC 측은 이 솔루션의 수익 모델화를 논의했지만, 회계사들의 자문 영역에 영향을 줄 수 있다는 점에서 신중히 검토 중이다.

삼정KPMG는 지난해 AI센터를 설립하고 감사 플랫폼 '클라라'에 생성형 AI 기능을 더해, 대량의 문서를 빠르게 검토하고 위험 요소를 식별할 수 있도록 했다. EY한영은 14억 달러를 투자해 자체 AI 분석 플랫폼 'EY 캔버스 AI(EY Canvas AI)'를 구축, 기업의 내부 · 외부 데이터를 분석해 리스크를 평가하고, 이상 징후를 탐지한다. 딜로이트 안진도 '라이트하우스' 솔루션으로 회계 정보를 분석해 횡령·부정 가능성을 진단하고, 공시 보고 과정을 자동화했다. 한 회계 법인 관계자는 "이미 오래전부터 AI를 활용해 왔고, 회계사들도 익숙하게 쓰고 있다. AI는 외국어 계약서 검토나 회계 처리 사례 분석에 매우 유용하다"라고 밝혔다.

이러한 AI 도입은 효율성 측면에서 뚜렷한 결과를 낳았다. 예를 들어 해외 보고에 따르면 생성형 AI는 대규모 회계·재무 데이터를 처리할 때 오류를 빠르게 감지해 정확성을 높이며, 전문가당 주당 평균 4시간의 업무 시간을 절약해 주는 것으로 예측된다. 한국 회계사들도 반복적 계산이나 검증에서 AI 도움을 받아 그만큼 더 고부가가치 컨설팅으로 집중할 수 있게 되었다.

AI 활용의 두 얼굴: 효율성 대 현장의 난제

AI 도입은 분명 업무 효율성과 정확도를 높여 준다. 법무법인들은 AI로 판례 검색·분석을 자동화해 업무 시간을 크게 단축했고, 의료계는 영상·진단 보조 도구로 진료 속도를 높였다. 회계·세무 분야에서는 AI를 통해 오류를 줄이고, 복잡한 재무 데이터를 정리해 고도화된 분석이 가능해졌다. 한 보고서에 따르면, AI 도입으로 전문가당 연간 약 200시간(주당 4시간)의 시간이 절약되며, 이러한 효율성 덕분에 많은 전문가들이 고객 응대 · 마케팅 · 과정 개선 등 추가 가치 창출에 시간을 쓸 수 있을 것으로 예상했다.

최근 고객(의뢰인)들의 지식수준도 크게 향상됐다. 인터넷과 생성형 AI의 발전으로 환자나 의뢰인들은 진료 · 자문 전 간단한 정보를 스스로 검색하거나 챗봇으로 질문하는 경우가 늘고 있다. 예컨대 법률 상담을 받기 전 의뢰인 스스로 챗GPT에 간단한 법률 질문을 던져 보고 오는 일이 생긴다. 이로 인해 전문가들은 고객이 AI 기반 답변을 미리 알고 있거나, 인공지능이 제공한 정보를 바탕으로 의견을 제시할 때 이를 검증하고 보완할 능력을 확보해야 한다. 즉 'AI를 사용하는 고객'과 'AI를 활용하는 전문가' 간에 정보 비대칭이 줄어들고, 서로가 전문성과 판단력을 통해 균형을 맞춰야 하는 시대가 도래하고 있다.

참고문헌

권용훈(2025.7.15). "화이트 칼라 위협하는 AI… 변호사도 세무사도 "의뢰 뚝 끊겼다"". 《한국경제》, https://www.hankyung.com/article/2025071502081

선한결·김익환(2024.10.17). "회계도 AI로 혁신… 자체 AI 번역모델이 챗GPT 제쳤죠". 《한국경제》,

https://www.hankyung.com/article/202410171046i
임도영(2024.9.3). "'똑똑한 비서가 내 옆에' … '자체개발 AI' 활용 중인 대형 회계 법인들". 《조세일보》, https://www.joseilbo.com/news/htmls/2024/09/20240903524886.html
ZDNet Korea(2025.2.28). "AI가 바꾸는 전문직의 미래… 일주일에 4시간 더 생긴다", https://zdnet.co.kr/view/?no=20250228224627
Thomson Reuters Institute(2024). 2024 Tax firm technology report, https://www.thomsonreuters.com/en-us/posts/wp-content/uploads/sites/20/2024/10/2024-Tax-Firm-Technology-Report.pdf
Tobin, S.(2025.6.7). Lawyers face sanctions for citing fake cases with AI, warns UK judge. *Reuters,* https://www.reuters.com/world/uk/lawyers-face-sanctions-citing-fake-cases-with-ai-warns-uk-judge-2025-06-06/

04

업계별 AI 활용 현황

최근 생성형 AI 기술의 발전으로 변호사, 의사, 회계사 등의 전문직 업무에 인공지능을 지원 도구로 활용하거나 일부 대체하려는 시도가 빠르게 확산되고 있으며, 한국과 해외에서 다양한 기업들이 전문직 업무 효율화를 위한 AI 솔루션을 출시하고 있다. 분야별 주요 AI 기업과 해외 솔루션을 소개한다.

청각장애인과 AI?

법률 분야

하비 AI

하비(Harvey)는 2022년 실리콘밸리에서 설립된 법률 특화 AI 스타트업으로, 오픈AI의 GPT-4 기술을 기반으로 한 "AI 법률 비서" 플랫폼을 제공한다. 하비는 챗GPT의 언어 이해력을 법률 분야에 적용한 것으로, 대형 로펌들의 관심을 받아 급성장했다. 2023년 오픈AI 스타트업 펀드(Startup Fund) 등으로부터 5천만 달러 이상의 투자를 유치하며 기업 가치 5조 원 수준을 인정받았고, 최근에는 클로드(Claude)와 제미나이(Gemini) 모델을 추가로 제공하고 있다.

변호사가 하비에 자연어로 질의하면, 관련 법률 조사, 계약서 초안 작성, 메모 작성, 요약 등을 대신 수행해 준다. "이 사실 관계에 적용되는 판례 찾아 줘" 혹은 "이 계약서의 리스크 조항이 뭐야?" 같은 질문에 GPT-4 기반 엔진이 답변 및 결과물을 제공하는 형태다. 미국의 앨런 앤드 오버리(Allen & Overy), PwC 등 로펌과 컨설팅 기업이 하비를 도입했고, 전 세계적으로 수백 개 로펌에서 파일럿 테스트를 거쳤다. 한국에서도 2025년 4월 법무법인 세종이 국내 로펌 최초로 하비 AI 서비스를 일부 자문 업무에 시범 도입해 화제가 되었다. 환각에 대해서는 충분히 자유롭지 않은 듯하나, 빠르게 개선되고 있다는 평가가 있다.

가필드 AI: 최초의 인공지능 법무 법인

가필드로(Garfield.Law)는 영국 최초로 AI 송무 보조(Litigation assistant)를 활용해 법률 서비스를 제공하도록 승인받은 로펌이다. 이 회사는 주로 영국 내 중소기업의 1만 파운드 이하 소액 미수 채권 청구 사건을 수임한다. 고객이 미지급 청구서, 계약서, 거래 내역 등을 시스템에 업로드하면, AI가 핵심 사실을 추출해 영국 민사소송규칙(CPR)에 맞는 문서를 자동으로 생성한다.

고객이 온라인 플랫폼에 미수 채권 관련 정보를 입력하면, 가필드가 먼저 청구의 법적 타당성을 검토한다(제척 기간 · 청구권 존재 여부 등). 문제가 없으면 고객에게 우선적으로 편지(Chaser 또는 Letter Before Action)를 발송할지 묻고, 이후 소장을 법원에 제출하며 이자를 계산한다. 채무자가 응답하지 않으면 "기본 판결"을 신청하고, 응답(인정 · 부인)이 있을 경우 적절히 대응하도록 안내하는 업무 흐름이다. 각 단계에서 AI가 만든 초안은 반드시 고객과 담당 변호사의 검토 · 승인을 거쳐야 하며, 시스템 자체가 자율적으로 진행하지는 않는다. 업무 단위 과금(pay-as-you-go) 모델을 도입해 저렴한 비용으로 서비스를 이용할 수 있다. 간단한 독촉장은 2파운드부터 시작하며, 이후 단계별로 정액 비용만 부과된다. 따라서 종전에는 포기하기 쉬웠던 소액 채권 회수 절차에 저렴하고, 접근성 높은 해결책 제시가 가능하다.

가필드로는 2025년 5월 영국 변호사규제기관(Solicitors Regulation Authority, SRA)으로부터 규제 법률 업무 수행 자격을 부여받았다. SRA는 AI를 통해 법률 서비스를 제공하는 첫 번째 로펌임을 공식 확인하며, 중소기업 및 개인의 법적 접근성을 높일 혁신적 모델로 평가했다. 승인 과정에서 SRA는 품질 관리, 기밀 유지, 이해 상충 방지 등 규제 준수 방안을 꼼꼼히 점검했고, 특히 'AI 환각' 위험을 차단하기 위해 시스템이 판례 제안 같은 고위험 영역에 관여하지 않도록 설계되었는지 확인하였으며, 모든 작업은 고객 또는 변호사의 승인하에만 진행되도록 했다.

톰슨 로이터: Westlaw Precision with CoCounsel

전통적인 법률 정보 기업들도 AI 도입에 적극적이다. 세계적 법률 정보사 톰슨 로이터는 2023년 8월 미국 AI 리걸테크(Legaltech) 기업 케이스텍스트(Casetext)를 6억 5천만 달러(약 8450억 원)에 인수하고, 생성형 AI 기술 "코카운셀(CoCounsel)"을 자사 서비스에 통합했다. 코카운셀 기술은 GPT-4 기반으로, 법률 특화 튜닝을 거쳐 신뢰성 있는 결과를 주도록 설계되었고, 본 인수를 통해 웨스트로 프리시전(Westlaw Precision)에 코카운셀을 함께 제공할 수 있게 되었다.

웨스트로 프리시전과 코카운셀 조합은 대화형 법률 검색을 지원한다. 변호사가 일상 언어로 법률 질문을 하면 웨스트로 데이터베이스에서 관련 답을 찾아주는 것은 물론, 정확한 판례 탐색을 도와주는 "Precision Research" 기능, 입력한 사실 관계에 활용할 수 있는 주장과 반론이 담긴 판례를 찾아 주는 "Claims Explorer" 기능 등을 제공한다. 즉, 방대한 판례 중 필요한 부분을 GPT AI가 요약 · 추천해 주는 형태다. 톰슨 로이터는 AI 비서가 법률 리서치를 보조함으로써 사용자 생산성 30% 이상 향상을 기대한다고 밝혔다.

의료 분야

전 세계적으로 AI 활용이 가장 활발한 의료 분야는 영상 의학과다. 그뿐만 아니라 임상 의사 진단 보조 및 의료 행정 및 문서 자동화에도 활발하게 도입되고 있다. 각 분야에 대해 주요 기업을 알아본다.

비즈ai

이스라엘에 본사를 두고 미국 병원에 납품하는 미국 스타트업으로, 뇌졸중 AI로 잘 알려져 있다. 뇌 CT 혈관조영(angiography) 영상에서 뇌혈관 폐색 여부를 AI가 판정해, 의사가 놓칠 수 있는 미세한 폐색도 찾아낸다. 그리고 해당 환자의 신경과 전문의에게 즉시 스마트폰 앱으로 알림을 보내고 영상 공유를 해, 촬영-진단 사이 시간이 줄어들고, 뇌졸중 골든타임을 지킬 확률을 높인다. 비즈ai는 2018년 관련 AI로 미국 식품의약국(FDA) 승인을 받았고, 이후 심장 질환(대동맥 박리 탐지 등)으로 적응증을 확대했다. 2024년 현재 미국, 유럽의 뇌졸중 센터 다수가 표준 프로토콜에 비즈ai를 포함하고 있다.

에이닥

이스라엘 기업으로, 응급 방사선 영상 트리아지(triage 환자 분류) AI 분야의 선두 주자다. 에이닥(Aidoc)의 AI는 뇌 CT에서 뇌출혈, 폐 CT에서 폐색전증, 척추 MRI에서 척수 압박 등 응급 위험 병변을 자동 탐지하면 즉시 담당 의사에게 경고 알림을 보낸다. 2019년부터 다수 FDA 인허가를 획득했고, 미국 주요 병원 응급실에서 AI가 CT 이상 소견을 먼저 읽어 의사에게 알려 주는 시스템으로 자리 잡았다.

글래스 헬스

미국의 글래스 헬스(Glass Health)는 2023년 Y콤비네이터를 통해 의사를 위한 AI 임상 결정 지원(CDS, Clinical Decision Support) 도구를 공개했다. 이 AI는 환자 사례 요약문을 입력하면 가능성 있는 진단 목록(5~10개)과 권장되는 검사/치료 계획을 제시한다. 예를 들어 "65세 여성, 당뇨병과 고지혈증 병력, 급성 흉통과 식은땀"이라는 경우를 넣으면 AI가 심근경색, 협심증, 대동맥박리 등의 감별 진단 목록과 함께 각 항목에 대한 설명, 추가 검사를 제안할 뿐만 아니라 간략한 평가/계획 문단도 초안 형태로 작성해 주어, 의사가 이를 참고해 차트를 작성할 수 있다. 글래스 헬스의 모델은 의료 지식 그래프와 의사 피드백을 반영해 일반 LLM보다 정확도가 높다고 설명하고 있다.

구글 메드팜 2

구글의 의료 LLM인 메드팜(Med-PaLM)은 2022년 말 공개된 이후, 2023년 버전 2가 미국 의료 면허 시험 등에서 상위 90% 수준 점수를 기록해 주목을 받았다. 구글은 메드팜을 메이요 클리닉(Mayo Clinic) 등 대형 병원과 시험적으로 활용해, 의사의 질문에 대한 근거 있는 답변 생성, 임상 시나리오에서 환자 질문에 대한 응답 작성 등에 적용했다. 아직 상용화되진 않았으나, 빅테크와 의료 기관의 협업으로 LLM이 병원에 도입되는 첫 사례를 만들어 낼 것으로 기대하고 있다.

뉘앙스 닥스

마이크로소프트가 2022년 3월 약 22조 원에 인수한 뉘앙스(Nuance)가 개발한 닥스(DAX, Dragon Ambient eXperience)는 "진료실 속 AI 서기(書記)"로 불리며 의사와 환자의 대화 내용을 녹음하면, AI가 그 대화를 실시간 판별해 의료진의 진료 노트 초안으로 자동 정리해 준다. 의사는 진료가 끝난 후 닥스가 생성한 문서를 확인·수정만 하면 되므로, 기록 작성 시간을 최대 50% 절감할 수 있다. 현재 미국 수백 개 병원에서 상용화되어, 환자가 진료실에서 의사와 눈을 마주치며 대화하고 기록은

AI가 대신함으로써 의사-환자 관계를 개선했다는 평가를 받는다.

회계, 세무 분야

마인드브리지 AI: AI 오디터

캐나다의 마인드브리지 AI(MindBridge AI)는 세계 최초로 AI 감사(Audit) 소프트웨어를 내놓은 선도 업체다. "AI 오디터"라 불리는 이 솔루션은 기업의 회계 장부, 거래 데이터를 머신 러닝으로 분석해 이상 징후나 위험 요소를 발견한다. 일반적인 회계 감사는 표본 추출에 의존하지만, AI 오디터는 전수 검사를 수행하면서, 정상 패턴과 다중 거래를 점수화(Risk Score)해 감사인에게 알려준다. 예를 들어 금액이 비정상적으로 큰 거래, 주말이나 월말에 집중된 수기 분개, 신규 거래처와의 거래 등을 AI가 감지해 목록을 제공하면, 감사인은 그 항목들을 중점적으로 살펴보는 형식이다. PwC, 딜로이트(Deloitte) 등 여러 회계 법인이 이미 마인드브리지 AI를 도입해 감사 품질을 높이고 있다고 알려져 있으며, 이를 통해 감사인은 반복 작업 시간을 줄이고, 전문적인 판단과 담당자 인터뷰에 더 많은 시간을 할애할 수 있을 것으로 예상된다.

빅ai

빅ai(Vic.ai)는 기업의 Accounts Payable(지출 결의) 업무를 자동화하는 AI 스타트업이다. 기업에는 날마다 공급업체의 인보이스(청구서)가 쌓이고, 이를 회계 팀이 승인 · 지급 처리하는데, 빅ai는 인보이스를 스캔해 내용을 인식하고, 적절한 회계 계정과 코스트센터를 배정한 후, 결제 승인 워크플로 진행 등을 자동화한다. 심지어 데이터가 충분히 축적되면 AI가 각 비용을 어느 부서 예산으로 처리해야 할지도 학습해 제안하므로, 재무 팀의 분류/승인 업무가 크게 단축될 수 있다. 빅ai는 2022년 기준 북미와 유럽 300여 개 기업에 도입되었고, 사용자들은 경리 업무시간 80% 절감, 입력 오류 감소 등의 효용을 체감했고 한다.

앱젠

미국 앱젠(AppZen)은 기업 지출 관리(Expense Management) 분야의 AI 기업으로, 직원들의 경비 청구서나 법인 카드 사용 내역을 실시간으로 검토하는 AI 감사 역할을 한다. 과거에는 직원이 영수증을 제출하면 관리자나 회계 팀이 검토했지만, 앱젠 AI는 제출과 동시에 영수증 사진과 내용을 읽어 회사 경비 정책 위반 여부(예: 하루 식비 한도 초과, 금지된 항목 지출 등)를 검사하고, 또 허위 청구나 중복 청구 징후도 탐지한다. 글로벌 기업 수백 곳이 앱젠을 사용하면서, 부정 지출 탐지율 증가와 검토 인력 비용 절감 효과를 보았다.

요약하면, 2023년부터 오늘날까지 한국과 해외에서 AI는 전문직 업무의 조력자로 빠르게 스며들고 있다. 법률 분야에서는 문서 검토 · 작성, 법률 검색에 AI가 투입되어 신입 변호사나 준법 감시인의 단순 업무를 자동화하고 있고, 의료 분야에서는 영상 판독과 임상 의사 결정 지원, 의료 문서 작성 등에 AI가 활용되어 의사의 부담을 경감하고 있다. 회계 분야 역시 기장, 결산, 감사 영역에서 AI가 데이터 처리와 분석을 대신해 주며, 인력 구조 재편까지 영향을 미치는 중이다. 이러한 변화는 업무 효율화와 리스크 감소라는 긍정적 효과와 함께, 규제와 윤리, 관련 업계의 일자리에 큰 영향을 미치고 있다.

05
전문 영역별 AI 도입 현황: 미국, 일본, 독일

인공지능의 발전은 변호사, 의사, 회계사 등 전문직 분야의 업무 방식과 윤리에 큰 변화를 일으키고 있다. 국가별로 전문직 협회의 공식 입장과 지침, 정부 및 규제 당국의 정책과 법률 동향을 살펴본다.

AI 콘텐츠 크리에이터?

미국

법조계

미국 변호사협회(ABA)는 기술 발전에 따른 변호사의 윤리 의무에 대해 선도적인 지침을 마련해 왔다. 2023년 챗GPT 열풍 이후, ABA 산하 윤리 및 전문책임상설위원회(Standing Committee on Ethics and Professional Responsibility)는 2024년 7월 최초로 “변호사의 AI 활용에 관한 공식 윤리 의견(Formal Opinion 512)”을 발표했다.

이 의견서는 생성형 AI 등 법률 분야 AI 도구 사용과 관련해, 변호사의 기술 활용에 대한 윤리적 책임을 상세히 설명한다. 핵심적으로, 모델 행동 규범 1.1(성실 의무)는 “변호사는 의뢰인에게 서비스를 제공함에 사용하는 기술의 이익과 위험을 이해할 것”을 요구하고, AI 활용에 대한 기본적인 이해와 신중한 사용이 전문성의 일부임을 명확히 했다. 또한 비밀 유지 의무(Model Rule 1.6) 관점에서 클라우드 AI에 고객 정보를 입력할 때 발생할 수 있는 기밀 유출 위험을 지적하고, 고객의 사전 동의 없이 민감 정보를 AI에 제공해서는 안 된다고 강조했으며, 동시에 의사소통 의무(Model Rule 1.4)에 따라

AI 활용 여부와 한계를 고객에게 설명해야 할 필요성도 명시했다. 이처럼 ABA의 공식 입장은 AI가 변호사 업무의 효율을 높일 잠재력이 있지만, "AI가 변호사의 전문적 판단과 책임을 대체할 수 없다"는 점을 분명히 하고 있다. ABA뿐 아니라 각 주(州) 변호사 협회들도 유사한 지침을 속속 내놓고 있으며, 미국 법조계는 AI를 수용하되 변호사의 윤리적 통제하에 활용하는 방향으로 의견이 모아지는 중이다.

의료계

미국의사협회(AMA)는 의료 분야에서 AI를 "증강 지능(Augmented Intelligence)"이라 부르며, 인간의 진료를 강화하는 도구로 활용하겠다는 철학을 표방하고 있다. AMA는 2018년 이미 AI 원칙을 제정했고, 2023년 11월 이를 발전시킨 "의료 AI 개발 · 배포 · 활용을 위한 원칙(Augmented Intelligence Development, Deployment, and Use in Health Care)"을 새롭게 발표했다. 이 원칙들은 AI 기술의 윤리적 · 형평성 있는 개발과 책임 있는 사용을 촉구하며, AMA의 대정부 · 대산업 정책 옹호의 근간이 되고 있다. 주요 내용으로 ① 거버넌스: 정부의 "포괄적 거버넌스 정책"을 통해 의료 AI 위험을 관리하고,

민간도 이에 참여할 것, ② 투명성: AI 활용에는 설계·개발 과정에 대한 투명한 정보 공개가 필수이며, 편향 발생 요인을 공개할 것, ③ 책임성: AI가 진료에 미치는 영향에 대해 적절한 보고와 문서화를 할 것, ④ 생성형 AI: 도입 전 정책과 통제를 마련해 부작용을 최소화할 것, ⑤ 프라이버시·보안: 환자 정보 보호를 최우선으로 하고, 개발 단계부터 프라이버시 설계를 적용할 것, ⑥ 편향 제거: AI 알고리즘의 편향을 식별·완화해 형평에 맞는 의료를 추구할 것 등을 강조한다. 특히 의사 책임(Liability)에 대해서는, 현행 법체계하에서 의사가 AI를 사용하더라도 법적 책임 범위는 기존 의료 과실 법리에 따라 한정되어야 한다고 명시해, AI 사용으로 의사에게 과도한 법적 부담이 전가되지 않도록 예비하고 있다.

2025년 6월 AMA 하원 총회에서는 "임상 AI의 투명성과 설명 가능성"에 관한 새로운 정책을 채택해, "환자와 의사가 AI의 의사 결정 과정을 이해할 수 있도록 설명 가능한 AI만이 임상에 사용되어야 한다"라고 주장했다. AMA는 이러한 정책을 통해 의료 AI에 대한 신뢰 확보와 독립된 검증 제도 도입(제3자 검증 기관에 의한 AI 알고리즘 평가) 등을 정부에 촉구하고 있다. 즉 미국 의료계는 AI의 임상 도입을 적극 수용하면서도, 환자 안전, 효과 검증, 설명 가능성, 개인정보 보호 등의 윤리 원칙을 강력히 견지하고 있다.

회계업계

미국공인 회계사협회(AICPA)는 최근 회계 및 감사 전문가를 대상으로 하는 월간 웨비나 시리즈인 A&A 포커스 시리즈(A&A Focus Series)에서 인공지능 기술 활용에 따른 윤리적 고려 사항을 다뤘다. 케이스웨어(Caseware)의 AI 담당 부사장은 AI가 실무에서 널리 사용되고 있지만, 회계사의 윤리적 책임을 면제하지는 않는다고 강조했으며, AI는 전문가나 보조 인력을 활용하는 것과 유사하게, 결과물에 대한 검토와 감독이 필수적이라고 언급했다. 또한, 자동화된 도구에 과도하게 의존하는 '자동화 편향(automation bias)'에 대한 경계를 촉구하며, AI 사용 시에도 전문가적 의구심이 요구된다고 밝혔다.

회계업계 글로벌 기관인 ACCA(국제공인 회계사협회) 역시 "AI의 성공적 도입을 위해서는 투명성과 윤리가 핵심"이라고 강조하며, 회계 분야 AI 정책 권고안을 내놓았다. 권고안에서는 투명성과 신뢰 부족이 AI 도입을 저해하며, AI 도입 시 사용 과정에서 편향이 생기며 차별 완화 능력이 부족할 수 있다고 지적했고, 데이터의 프라이버시 및 보안 문제, 책임, 저작권 등과 관련된 법적 · 규제적 체계의 부재 및 부정확한 정보 및 허위 정보 생성에 대한 우려를 표했다. 그뿐만 아니라 확대 효과 및 의도치 않은 결과(AI 오류)가 인간의 실수보다 훨씬 더 심각한 결과를 초래할 수 있다는 점도 언급했다.

일본 전문직 협회의 공식 입장 및 지침

법조계

일본변호사연합회(日弁連, Nichibenren)는 최근 AI의 법률 분야 활용에 대해 연구와 국제 협력에 집중하고 있다. 2023년 일변련은 내부에 "AI 전략 워킹 그룹"을 신설해, AI 기술이 법조에 미칠 영향과 대응 과제를 검토하기 시작했다. 일변련은 2024년 3월 G7 국가 변호사 단체들의 '법률 분야 AI 성명'에 동참했는데, 공식 입장문을 통해 "AI 발전이 사법 시스템과 변호사 윤리에 미치는 긍정적 · 부정적 측면을 모두 면밀히 평가해야 한다"며, "AI 관련 국제적 거버넌스 논의에 적극 참여하겠다"고 밝힌 바 있다. 이는 대한변협 등과 함께 낸 공동 성명이기도 하다. 또한 일변련은 2024년 업무 집행 방침에서 "AI 기술로 인한 문제 사례에 의견을 표명하고, 개선을 제언하겠다"고 명시해, 향후 AI로 인한 법률 분쟁이나 윤리 이슈에 대해 적극적인 목소리를 낼 것을 예고했다. 구체적 사례로, 2023년 문화청의 "AI와 저작권" 가이드라인 초안에 대해 일변련은 견해서를 제출해, AI 학습 및 생성물과 「저작권법」의 조화에 대한 법조계 입장을 전달하기도 했다. 한편, 아직 일본 변호사 윤리 규정에는 AI 관련 조항이 없지만, 법률 서비스에서 AI를 활용할 때 변호사의 감독 책임을 다할 것 등이 논의되고 있다.

의료계

일본의사협회(JMA)는 비교적 일찍부터 의료 AI의 윤리 문제를 다뤘다. 2020년 "AI 진전으로 인한 의료의 변화와 임상상의 제과제"라는 보고서를 통해, AI 진단 · 치료가 현실화됨에 따라 의사-환자 관계, 의료 윤리, 데이터 거버넌스 등의 새로운 문제가 부상함을 지적했고, 특히 JMA는 2022년 3월에 "의료 AI 가속 발전에 따른 생명 윤리상의 문제"에 대한 권고를 채택해 "AI에 과도하게 의존하는 것을 경계해야 하며, AI는 어디까지나 의학적 판단의 참고로 사용되어야 한다"는 입장을 명시했다. 해당 권고에서는 환자 안전과 정보 보호를 위해 AI 사용 시 설명 책임을 다하고, AI의 한계를 인지할 것을 강조했다.

또한 JMA는 세계보건기구(WHO)의 2021년 「AI 윤리 지침(Ethics and Governance of Artificial Intelligence for Health)」을 지지하며, "AI 도구 설계 · 개발 · 도입 시 윤리와 거버넌스를 적용하는 것이 중요"하다고 언급했다. 실제 일본 의료 현장에서도 2018년 이후 다수의 AI 영상 진단 보조 소프트웨어가 후생노동성 승인을 받아 사용 중인데, JMA는 회원 의사들에게 "AI의 최종 판독 결과는 해당과 전문의가 다시 확인해야 한다"는 지침을 비공식적으로 전달한 바 있다. 한편 일본은 원격 의료에 제한이 있었으나, 2020년 이후 규제가 완화되어 AI 활용 원격상담 서비스 등이 등장하고 있으며, 이에 대해서도 JMA는 표준 진료 절차를 준수할 것과 환자 프라이버시를 보호할 것을 강조하고 있다.

회계업계

일본공인 회계사협회(JICPA)는 2018년도부터 AI가 공인 회계사의 업무에 미치는 영향을 준비한 것으로 보인다. 특히 JICPA 협회 웹사이트를 통해 AI와 회계 업무의 관계에 대해 회원 대상 홍보와 교육을 활발히 하고 있는데, "공인 회계사 업무와 AI" 코너에 2019년 6월에 게재된 포럼 내용에서, "IT 기술의 발전으로 회계사의 일이

AI로 대체될 것이라는 보도가 있는데, 그것은 사실인가?"라는 질문을 던지며, 회계사의 역할은 변모하겠지만 AI에 완전히 대체되지는 않을 것이라고 설명한다.

JICPA 전 회장인 세키네 회계사는 인터뷰에서 "공인회계사의 본질은 AI가 대체할 수 없다"고 언급하며, AI가 숫자를 분석하고 규칙적인 작업을 자동화해 줄 수는 있으나, 기업의 신뢰를 보증하고, 종합적 판단을 내리는 회계 감사의 본질적인 부분은 인간 전문가의 몫이라고 강조한다.

2024년 8월 JICPA 기술위원회는 "감사에서의 AI 활용에 관한 연구보고서"를 발행해, AI를 감사에 적용할 때의 기대 효과와 유의점을 다루었다. 보고서는 AI가 자료 분석, 이상치 탐지 등에 유용하며 감사인의 업무를 효율화할 것으로 보면서도, AI 시스템 결과물에 대한 감사인의 독립적 평가와 전문적 판단이 여전히 필수라고 강조했다. 또한 AI 관련 감사 보수, AI 툴에 대한 감사인의 숙련 의무 등의 새로운 이슈도 제기했다. 일본 회계업계에서도 빅4 계열이 이미 자체 AI 감사 툴을 개발(예: 딜로이트의 'AI-패턴 탐지' 등)해 활용 중이며, 협회는 이러한 혁신을 확산시키는 한편, AI 결과 편향 및 데이터 안정성 등의 윤리적 고려에 대한 지침을 추가하고 있다. 즉, AI

를 활용한 회계 서비스 혁신을 추구하면서, 회계사의 전문 판단과 책임은 유지되는 형태의 역할 재정립을 적극적으로 모색하고 있는 것으로 보인다.

정부 및 규제 당국의 정책 동향

일본 정부는 "인공지능 기술전략"(2019)을 수립한 이후 일찌감치 산관학 협력을 통한 AI 개발 및 활용 촉진에 집중하고 있다. 총무성, 경제산업성, 문부과학성이 합동으로 마련한 AI 전략은 인재 육성, AI 연구 개발 투자, 사회 구현 촉진, 윤리 및 제도 정비를 포괄하는데, 특히 의료, 제조, 서비스를 3대 중점 활용 분야로 지정했다.

일본 정부는 2022년 "인공지능 기술전략"을 업데이트해 재발표했고, 2025년 5월 혁신 중심 AI 거버넌스 법안을 통과시켰다. 5월 28일 중의원(참의원)을 통과한 「AI 관련 기술 연구 개발 및 활용 촉진에 관한 법률」은 "AI 관련 기술이 일본 경제와 사회 발전을 위한 근간 기술"이라는 점을 명확히 밝히며, 그 구조는 "기본적(basic)"이며, 규제를 위해 새로운 법체계보다는 기업 협조 및 기존 법률을 활용할 것이라고 명시하고 있다.

일본의 이번 입법은 유럽연합(EU)보다 비교적 느슨한 AI 규제 접근 방식을 채택한 아시아 · 태평양 지역(싱

가포르, 한국 포함)과는 다른 입법 방향으로 보인다. 또한 법안 자체는 구속력 있는 집행 메커니즘을 포함하고 있지 않지만, 정부가 향후 이를 마련할 수 있는 권한을 포함하고 있으며, 기업들이 책임을 지고 '소프트 로(soft law)' 지침을 따르도록 하되, 투자를 막지 않기 위한 의도적인 설계로 보인다. 이후 일본 총리가 이끄는 태스크포스에서 기업들이 따라야 할 지침을 마련하게 될 예정이다.

독일 전문직 협회의 공식 입장 및 지침

법조계

독일은 연방 및 주 단위 변호사 단체가 존재하는데, 그중 독일 변호사협회(DAV, Deutscher Anwaltverein)가 2025년 획기적인 행보를 보였다. DAV는 그간 기술 채택에 신중한 입장을 유지해 왔으나, 2025년 6월 사상 처음으로 독일 리걸테크 기업 브라이터(Bryter)와 공식 파트너십을 체결한 것이다. 이 협력을 통해 독일 변호사협회는 회원 변호사 6만 명에게 AI 도구(Beamon AI)를 할인 제공할 수 있었고, 이는 "독일 변호사 단체가 처음으로 변호사 실무용 AI 툴을 공식 승인했다"는 점에서 의의가 크다. 브라이터의 솔루션은 법률 문서 작성, 계약 검토, 판례 조사 요약 등 기능을 제공하며, DAV는 "기술 장벽 없이, 높은 보안성과 법적 타당성을 갖춘 도구로 회원들의 업무 경감을 돕는다"고 설명했다. 전통적으로 신중한 입장의 DAV의 파격적인 이 결정에 대해 DAV의 전무이사인 루게(Sylvia Ruge)는 "이번 파트너십을 통해 소규모 로펌과 개업 변호사들도 실질적 업무 지원 기술에 접근하게 되었다"며, 이는 AI 기술이 대형 로펌만의 전유물이 아니어야 함을 강조했다. 한편 연방변호사상공회의소(BRAK, Bundesrechtsanwaltskammer)도 변호사들이 인공지능(특히 대규모 언어 모델)을 사용할 때 고려해야 할 법적 · 윤리적 기준과 위험 요소를 다룬 문서를 발간했다. 이 문서에서는 성실한 직무 수행 및 개인적 책임, 비밀 유지 의무(서버 위치 확인 등), 「일반 데이터 보호 규정 (GDPR, General Data Protection Regulation」 등 개인정보 보호법 준수, EU 「AI 법」(AI Act, KI-VO)에 따른 요구 사항 준수 등을 명시했다.

의료계

독일의 연방의사회의(BAK)는 2021년 "의사 업무 의사결정 지원으로서의 AI"에 대한 중앙윤리위원회(ZEKO,

Zentralen Ethikkommission) 의견서를 채택한 데 이어, 2025년 2월 과학자문위원회(WB, Wissenschaftliche Beirat)를 통해 "의료에서의 AI"에 관한 포괄적 성명을 발표했다. 2025년 발표된 이 성명은 현재 의료 현장에서 활용되는 다양한 AI 알고리즘의 잠재력과 불확실성을 분석하고, 의사들이 이를 어떻게 수용해야 할지 지침을 담고 있다. BAK 회장 클라우스 라인하르트는 "AI는 의사들을 반복적 작업에서 해방해 환자와 더 많은 시간을 보낼 수 있게 하는 등 환자 진료를 개선할 잠재력이 있다"고 긍정 평가하면서도, 동시에 "AI의 진단 제안에 대해 의사가 항상 타당성을 검증(plausibility check)해야 하며, AI 사용에 따르는 윤리적 책무를 명심해야 한다"고 강조했다. 이를 위해 독일 의사들이 AI 시대에 필요한 지식을 갖춰야 하고, 환자들이 AI에 기반한 의료에서 느낄 수 있는 불확실성을 다룰 수 있어야 하며, AI에 대한 상호 신뢰를 구축하기 위한 의사의 소통 역량도 중요하다고 설명했다. 즉, AI가 도입되더라도 환자와 의사의 신뢰 관계가 흔들리지 않아야 한다는 것이다.

더불어 "AI의 증대 사용으로 의료 행위가 변할 것이며, 의사들이 그 변화를 주도적으로 형성해야 한다"고 명시해, 의사들이 AI 개발 과정 등에 적극 참여해야 함을 주장했다. 이번 성명은 2021년 중앙윤리위의 권고를 보완하는 것으로, 독일 의사회는 AI의 의료 적용 현황, 위험과 기회를 의학적 관점에서 종합 정리하고, 2025년 독일 의사협회 총회인 '독일 의사의 날(DAT)'에서 토론의 기초 자료로 삼기도 했다.

회계업계

독일 회계 분야에서는 독일 공인회계사협회(WPK, Wirtschaftsprüferkammer)와 독일 회계감사인연구소(IDW, The Institut der Wirtschaftsprüfer in Deutschland) 등이 AI 관련 연구와 표준 개발을 주도하고 있다. 특히 독일 공인회계사협회는 2024년 7월 AI 특별위원회를 구성했으며, 2025년 5월 26일 기준으로 'AI 활용 Q&A'를 공개하며 회원사들을 지원하고 있다. 이 Q&A는 일반적인 질문들, AI 규제 및 「GDPR」 관련 법적 프레임워크, 전문 규정 및 지침, AI의 사용 등의 챕터로 구성되어 있다. IDW는 2023년 7월 국제윤리기준위원회(IESBA)의 2024~2027 전략 및 사업 계획 초안에 대해 공식 의견서를 제출했고, 이 의견서에 인공지능을 파괴적 기술로 설명하고, 이 영역에 긴급한 윤리 기준 수립이 필요하다고 언급했다. 단, 기타 영역의 윤리 강화는 실제 문제가 확인된 이후에 이뤄져야 하며, 규정 기반(rule based)보다는 원칙 기반(principles based) 접근이 더욱 중요하다고 설명하고 있다.

정부 및 규제 당국의 정책 동향

독일 정부는 EU 디지털 전략의 적극적 지지자로, EU 「AI법」 제정 논의에서 선도적인 역할을 해 왔다. 독일 연방정부는 2020년대 초반부터 AI 개발 전략("인공지능 전략 2020 업데이트")을 통해 연구 개발 투자를 늘리고, AI 윤리 가이드라인 수립을 지원해 왔으며, 연방디지털교통부(BMDV) 산하에 AI 규제시험소(Testbed)를 운영해 AI 기술의 규제 충족 시험을 돕고, 연방경제에너지부(BMWi)에서는 중소기업의 AI 도입을 지원하도록 하는 등 정책으로 적극 장려를 해 왔다.

법률 분야에서는 2021년 「민사소송법」 개정으로 전자소송 및 알고리즘 활용 준비를 한 바 있으며, 2022년 법무부 보고서에서는 간단한 민원 처리에 챗봇을 도입하는 등의 구상이 언급되었다. 의료 분야에서는 BfArM(연방의약품의료기기청)이 「유럽 의료기기 규정(MDR)」에 따라 AI 의료 기기 인허가를 수행하고 있고, 연방보건부(BMG)는 AI 기반 디지털 헬스케어 애플리케이션(DiGA)

을 처방할 수 있는 제도를 도입해 혁신적 건강 앱들을 승인했다. 회계 · 금융 분야에서는 연방금융감독청(BaFin)이 2021년 금융 기관의 AI 알고리즘 사용 시 설명 가능성과 내부 통제 요건을 강화했다. 그러나 규제 환경에 큰 영향을 미치는 것은 EU 차원의 「AI 법」이다. 「AI 법」은 2024년 3월 유럽의회 통과 이후 5월 유럽이사회에서 최종 승인되어 6개월에서 36개월 후부터 단계적 시행 예정이다. 위험 수준에 따라 분류된 AI 시스템별로 전면 사용 금지, 높은 수준의 규제, 낮은 위험의 규제 등이 달리 적용된다. 독일의 AI 정책은 EU 규범과 궤를 같이해 엄격한 사전 규율을 지향하며, 전문직 분야에서도 안전성 · 투명성 담보를 조건으로 AI 혁신을 허용할 것으로 전망된다.

참고문헌

이춘규(2025.1.3). "한국공인 회계사회, AI 기반 회계·세무 전문 서비스 'ChatCPA(Beta)'출시". 국세신문, https://www.intn.co.kr/news/articleView.html?idxno=2040976

小林尚明(2024.8.13). "テクノロジー委員会研究文書第11号"監査におけるＡＩの利用に関する研究文書""の公表について. 日本公認会計士協会, https://jicpa.or.jp/specialized_field/20240813dfu.html

日本弁護士連合会(2025). 2025年度会務執行方針.
https://www.nichibenren.or.jp/document/policies/policy_2025.html
日本医師会 生命倫理懇談会(2022.3). '医療AIの加速度的な進展をふまえた生命倫理の問題'について.
https://www.med.or.jp/dl-med/teireikaiken/20220309_3.pdf
American Bar Association(2024.7.29). ABA issues first ethics guidance on a lawyer's use of AI tools.
https://www.americanbar.org/news/abanews/aba-news-archives/2024/07/aba-issues-first-ethics-guidance-ai-tools/
Bundesärztekammer(2025.2.21). Ärztinnen und Ärzte auf Umgang mit KI in der Medizin vorbereiten.
https://www.bundesaerztekammer.de/presse/aktuelles/detail/aerztinnen-und-aerzte-auf-umgang-mit-ki-in-der-medizin-vorbereiten
Steno(2024.4.1). Legal AI: ABA & state legal ethics guidance on artificial intelligence,
https://brief.steno.com/legal-ai-rules-by-state

06
온톨로지가 전문직의 업무에 도입된다면?

2025년 7월, 딜로이트와 팔란티어가 전략적 파트너십 관계를 발표했다. 전통 기업 컨설팅 강자의 산업별 솔루션과, 온톨로지를 통해 파편화된 데이터가 체계화된다면 얼마나 큰 파급력이 생길까? 온톨로지의 개념을 의료계와 법조계에 확장해 적용할 수 있을까?

AI와 민주주의?

데이터 통합과 온톨로지의 가치

팔란티어(Palantir Technologies)는 피터 틸(Peter Thiel)을 중심으로, 알렉스 카프(Alex Karp), 네이선 게팅스(Nathan Gettings), 조 론스데일(Joe Lonsdale), 스티븐 코언(Stephen Cohen) 등이 함께 2003년 미국에서 공동 창업했다. 이들은 9 · 11 테러 이후 미국 정보기관의 데이터 분석 역량에 큰 결함이 있었다고 보고, 기술 기반의 테러 방지 수단을 개발하는 것을 목표로 삼았다. CIA의 벤처 투자 부문인 인큐텔(In-Q-Tel)이 초기 투자자였다는 점에서도 그 목적성이 분명하다. 즉, 방대한 비정형 데이터를 분석해 보안 위협을 사전에 파악하겠다는 것이 팔란티어의 초기 목표였다.

팔란티어의 핵심 비전은 단순히 "데이터 분석"이 아닌, "사실에 기반한 결정을 통해 세상을 더 잘 이해하고 운영할 수 있게 한다"는 것이다. 특히 온갖 정보가 파편화되어 있고, 수많은 시스템과 부서에 흩어진 데이터를 하나의 "지능적 판단 시스템"으로 통합하는 것이 이들의 지향점이다.

이것이 팔란티어가 단순한 BI(Business Intelligence) 툴이나 데이터 시각화 툴과 차별화되는 지점이다. 팔란티어는 "어떤 것이 진실인가?"를 파악하는 데 집중한다.

팔란티어가 주장하는 '온톨로지(Ontology)'는 철학에서의 존재론 개념과 연동되지만, 여기서는 기술적 용어로, 조직 안의 모든 데이터, 사건, 객체, 행위 주체를 '의미 있는 실체'로 정의하고 연결 짓는 구조화된 프레임워크를 의미한다. 즉, 거래, 환자, 고객, 계약서, 사건, 시간, 장소 같은 것을 '무엇이 무엇과 연결되어 있는가'를 관계 지어 시각화함으로써 인간이 빠르게 이해하고 조치를 취할 수 있도록 만든 도구인 것이다.

이는 특히 의사, 회계사, 변호사 등 전문직이 다루는 정보가 각기 다른 시스템과 맥락 속에 흩어져 있을 때, AI가 의미 있는 조언을 하기 위해 반드시 필요한 전제 조건이기도 하다. 즉, 온톨로지는 단순한 데이터 통합이 아니라, "이 데이터가 어떤 맥락에서 의미를 가지는가?"를 규정하는 AI 지식 구조의 핵심이다.

이 개념이 구현된 것이 팔란티어의 파운드리(Foundry) 플랫폼으로, 파운드리는 조직 내의 온톨로지 개념을 활용해 기업의 데이터를 통합하고, 비즈니스 객체를 모델링한다. 팔란티어의 온톨로지 계층은 기업의 각종 디지털 자산(데이터세트, 모델 등)을 실제 세계의 객체(objects)들과 연결함으로써 조직을 나타내는 디지털 트윈(digital twin)을 형성하게 된다. 예를 들어 공장이나 설비 같은 물리적 자산부터 고객 주문이나 금융 거래 같은 추상 개념까지 모두 객체로 정의되어, 이들의 관계를 망라한 풍부한 의미론적 레이어를 구성한다. 이러한 온톨로지 구조에는 객체의 개별적 속성(Property)과 객체 간 연결(Link)이 정의되어 있으며, 데이터를 객체-관계 그래프 형태로 표현함으로써, 사용자는 조직의 세계를 한눈에 이해할 수 있다. 온톨로지는 인간 전문가들의 지식과 개념들을 구조적으로 담아내기 때문에, AI가 단순한 데이터 이상으로 맥락과 의미를 이해하고 추론할 수 있게 도와준다. 다시 말해, 온톨로지는 데이터에 숨겨진 복잡한 관계망을 드러내 기계가 사람처럼 현명한 판단을 내리는 토대를 제공한다.

한편, 최근 자주 다뤄지고 있는 에지 디바이스(Edge Device) 개념은 데이터를 중앙 서버가 아닌 현장(Edge)에서 수집 · 처리하는 접근을 의미한다. 이는 IoT(사물인터넷) 센서, 모바일 기기, 현장 컴퓨터 등 네트워크 변방의 기기들이 데이터를 생성/분석해, 실시간으로 유의미한 정보를 얻는 것을 목표로 하는데, 팔란티어는 이러한 에지 컴퓨팅 흐름을 고려해, 중앙의 온톨로지와 AI 모델을 현장에까지 확장하는 엔터프라이즈투에지(Enterprise-to-Edge) 데이터 융합을 강조하고 있다. 예를 들어, 파운드리에서 정립한 온톨로지와 AI 플랫폼을 통해 중앙의 핵심 데이터를 전술 현장으로 밀어내고, 현장의 센서/기기로부터 수집한 데이터와 실시간 동기화함으로써 빠른 의사 결정을 지원하는 것이다.

이처럼 온톨로지(지식의 중앙 허브)와 에지 디바이스(현장의 데이터 소스) 개념을 접목하면, 전문직들이 다루는 복잡한 정보를 거시적 통합과 미시적 실시간 처리 관점에서 모두 활용할 수 있을 것이다. 이제 세 가지 전문직(변호사, 회계사, 의사) 각각의 업무를 팔란티어 온톨로지와 에지 개념으로 어떻게 이해하고 개선할 수 있을지 상상력을 발휘해 보자.

법률 분야: 사건 객체를 중심으로

변호사의 업무는 일반적으로 특정 사건(Case)을 중심으로 펼쳐진다. 한 사건에는 관련된 사실 관계(팩트), 증거자료(문서, 물증 등), 적용되는 법 조항, 참고할 과거 판례 등이 복잡하게 얽혀 있고, 오늘날 정보들은 실물 문서, 경찰 수사 기록, 법원 판례 DB, 진술서 등 서로 다른 시스템이나 문서 더미에 흩어져 있다. 변호사는 조각난 정보들을 일일이 찾아 연결 지어 사건의 시작과 끝, 그리고 쟁점을 명료하게 파악해야 하는데, 결과는 매우 단순해 보이는 반면, 그 과정은 매우 노동 집약적이고 지난한 과정이며, 복잡도로 인해 중요한 정보의 누락 위험이 늘 존재한다.

팔란티어의 온톨로지 개념을 활용하면 어떨까? 예를 들면 사건 자체를 하나의 객체(Object)로 정의하고, 그와 연결된 모든 정보를 그래프 형태로 묶어 낼 수 있을 것이다. 한 사건 객체에 연결될 수 있는 관련 객체/데이터들은 다음과 같을 것이다.

- 관련 인물 객체: 의뢰인, 피고인, 증인, 수사관 등 사건 관련자(속성: 이름, 역할, 연락처 등).
- 증거 객체: 각종 문서, 영상, 녹취, 포렌식 보고서 등(속성: 증거 유형, 획득 일자, 제출자 등).
- 법률 조항 객체: 관련 법률 조문이나 규정(속성: 법령 명, 조항 번호, 전문 내용 등).
- 판례 객체: 유사한 쟁점을 다룬 과거 판결 사례(속성: 사건명, 판결 연도, 주요 판시 사항 등).
- 기관 기록 객체: 수사 기관이나 정부 기관의 관련 데이터(예: 경찰 보고서 번호, 행정 처분 이력 등).

이러한 객체들은 모두 "사건"이라는 중심 객체와 링크

로 연결된다. 예컨대 사건-인물 간 링크는 해당 인물이 사건에서 가지는 역할(피고인, 증인 등)을 나타내고, 사건-증거 간 링크에는 특정 증거가 어떤 사실 관계를 입증하는지 메모를 달 수도 있을 것이다. 온톨로지 그래프 상에서 사건을 클릭하면 연관된 모든 요소들이 한 화면에 시각화되어, 담당 변호사는 한눈에 들어오는 사건 지도를 얻을 수 있다.

특히 팔란티어 같은 데이터 통합 플랫폼은 이종 데이터 소스의 연계에 강점을 갖는다. 실제 사례로, 팔란티어의 ICM(Investigative Case Management) 시스템은 미 연방 이민국(ICE)을 위해 개발된 것으로, 여러 기관에 분산된 데이터를 통합해 하나의 사건 관리 플랫폼을 구축한 바 있다. ICM은 CIA, FBI, 마약단속국, 주 경찰 등의 별도 데이터베이스에 흩어진 정보를 연계해, 수사 대상자의 위치 파악부터 과거 이력 분석까지 종합적인 타깃 분석이 가능하다. 즉, 과거 수십 개의 다른 기관의 데이터 사일로(silo)에 있던 정보를 불러와 팔란티어 플랫폼 단일 인터페이스에서 검색·분석하도록 해 준 것이다. 변호사 업무에서도 이와 유사하게, 경찰 수사 자료, 금융 거래 기록, 통신 내역, 공개 데이터 등 다양한 출처의 정보를 사건 객체 아래 모을 수 있다면 증거 누락이나 중복 검토를 줄이고, 전체 맥락을 더 잘 파악할 수 있을 것이다.

한편, 에지 디바이스 개념으로 보자면, 각 데이터 출처가 일종의 에지 노드 역할을 담당한다. 형사 사건이라면, 현장의 경찰관이 사용하는 보디캠 영상이나 핸드폰, 포렌식 연구소의 분석 장비, 또는 증인의 스마트폰 메시지 내역 등이 모두 현장에서 생성되는 데이터가 될 수 있다. 팔란티어 에지 AI 같은 기술을 활용하면 이러한 현장 데이터를 중앙 시스템에 실시간으로 수집하고, 필요한 경우 현장 단말에서 1차적인 분석을 수행한 뒤 온톨로지에 반영하는 것이 가능하다. 변호사는 새로 수집되는 증거도 즉각적으로 사건 객체에 연결해 볼 수 있고, AI는 실시간으로 수집된 정보에 맞추어 관련 판례 추천이나 법률 리스크 분석을 제공할 수도 있을 것이다. 예를 들어 현장에서 새 증거가 확보되면, 온톨로지 그래프를 기반으로 AI 비서가 과거 유사한 증언이 있었던 판례를 찾아주거나, 특정 증언이 법률적으로 어떤 의미를 가지는지, 또한 전체 사건 맥락에서 어긋남은 없는지 확인할 수 있는 것이다. 이러한 AI의 도움은 변호사의 지적 노동을 보조해, 사람이 해야 할 부분(설득 전략 수립, 변론 작성 등)에 집중할 시간을 더 늘려 줄 것이다.

회계 및 재무 분야: 기업 객체를 중심으로

회계사와 재무 전문가의 업무에서는 회사(기업) 또는 부문 조직을 객체로 설정할 수 있을 것이다.

기업의 재무 상태를 정확히 파악하려면 회계 장부, 거래 내역, 자산 목록, 수주 잔고, 이연 매출 및 비용 등 재무 데이터를 종합해야 한다. 여기에 더해 기업 경영진이나 회계 담당자가 가진 정성적 정보—예컨대 특정 거래의 배경 및 전망, 그리고 산업의 전망에 대한 지식—역시 의사 결정에 중요한 정보다. 그러나 정보들은 ERP(전사적 자원 관리) 시스템, 은행 거래 기록, 엑셀 파일, 이메일 커뮤니케이션 등 여러 곳에 산재해 있으며, 개인의 머릿속 지식으로 남는 경우도 비일비재하다. 팔란티어의 파운드리 플랫폼을 활용하면, 기업과 관련된 방대한 데이터를 온톨로지 기반으로 한곳에 묶어 볼 수 있게 될 것이다. 기업을 하나의 객체로 삼고, 이 객체에 연결되는 다양한 서브 객체와 데이터세트를 다음과 같은 구조로 생각해 볼 수 있지 않을까?

- 거래(Transaction) 객체: 영업 활동, 투자 활동, 재무 활동별로 중요 거래 내역(속성: 거래일, 금액, 상대방 회사/고객명, 거래 유형 등).

- 계정(Account) 객체: 자산/부채/자본/매출/비용을 큰 분류로 나눈 회계 장부상의 계정 과목(속성: 계정 명, 코드, 분류-링크: 다수의 거래와 연결).

- 재무제표 객체: 거래 객체와 계정 객체를 통합해 작성된 해당 기업/부서의 각 재무제표.

- 사업부/프로젝트 객체: 부서별 손익이나 특정 프로젝트 예산(속성: 부서명, 책임자, 예산 등).

- 인적 자원 객체: 재무 담당자 정보. CFO(최고재무책임자), 회계 담당자 등(속성: 이름, 직위, 연락처-링크: 해당 인물이 담당한 보고서나 승인 문서).

- 규정/컴플라이언스 객체: 적용되는 회계 기준이나 법규, 사내 내규 등.

파운드리 온톨로지에서는 위와 같은 객체들을 정의하고, 각각 기존 데이터 소스와 매핑을 한다. 예를 들어 ERP 시스템의 데이터베이스 테이블에서 회계 거래 내역을 가져와 거래 객체로 설정하고, 엑셀이나 CSV로 관리되던 예산 데이터를 별도의 객체로 들여와 기업 객체에 연결한다. 다중 데이터 소스의 통합을 통해 최종적으로는 기업의 종합 재무 대시보드가 완성될 수 있다. 이 대시보드에서는 실시간으로 업데이트되는 매출, 지출, 재고 및 물류 현황은 물론, 클릭 몇 번으로 개별 거래의 상세와 증빙 자료까지 확인 가능할 것이다.

중요한 장점은, 이러한 통합 플랫폼이 데이터 사일로를 해소함으로써 자료 가공의 수작업을 크게 줄여 줄 수 있다는 점이다. 많은 기업과 기관에서는 재무 정보의 작성 방식이 부서별로 다르고, 데이터 또한 여러 시스템에 파편화되어 있어, 재무팀은 시스템마다 데이터를 취합, 대사 및 차이 확인에 많은 자원을 사용한다. 이러한 단절은 실시간 재무 상황 파악을 어렵게 하고, 오류 가능성도 높아진다. 팔란티어 파운드리 도입 사례를 보면, 미국 정부 기관의 재무 운영을 위해 팔란티어가 계약, 인보이스, 지출 데이터를 모두 연결해 한눈에 보는 자금 지출 모니터링 체계를 구축한 바 있고, 그 결과 감사 준비나 예산 재편성 같은 작업을 훨씬 효율적으로 수행하고, 실시간으로 예산 집행 현황을 파악할 수 있게 되었다.

온톨로지로 표현된 기업 데이터는 AI 활용의 훌륭한 토대가 될 수 있다. 기업 객체에 모든 데이터가 망라되어 있으므로, AI는 이 그래프 위에서 패턴을 학습하거나 이상치를 탐지할 수 있는 것이다. 또한 내부 통제나 감사 규칙을 모델로 삼아, 거래 객체들을 실시간 스캔하며 규정 위반 소지나 부정 거래, 의심 거래를 자동으로 플래그해 줄 수도 있다.

에지 디바이스 관점에서는, 지금의 기업 환경에서는 수많은 거래와 이벤트가 실시간으로 발생한다. 예를 들어 포스(POS) 단말기에서 매 순간 판매가 발생하고, 온라인 주문 시스템에서 결제가 일어나며, IoT 센서가 재고 소진을 알린다. 적절한 에지 솔루션을 사용하면 이러한 현장 데이터를 중앙 온톨로지와 연동해 지연 없이 기록하고 분석할 수 있을 것이다. 이를 통해 회계 부서는 거의 실시간에 가까운 업데이트 재무 상태표를 확보하고, 중요 이벤트에 신속 대응할 수 있다. 가령, 어느 지점에서 예상치 못한 비용 지출이 발생하면 곧바로 중앙 대시보드에 반영되어, 재무 책임자가 이를 조정하거나 추가 자원을 할당하는 결정을 즉각적으로 내릴 수 있는 것이다.

의료 분야: 환자 객체를 중심으로

의료 현장에서의 가장 큰 도전 중 하나는 한 명의 환자를 두고 각 분야 전문의들이 조각난 정보를 가지고 있다는 점이다. 팔란티어 관련 콘텐츠를 제공하는 빅데이터 닥터의 설명에 따르면, 의사가 내원한 환자의 질병을 검사 및 진단하고 치료에 대한 의사 결정을 내리는 과정에는 크게 두 가지 문제가 있다. 첫 번째는 의사가 최신 지식을 보유하지 않아 틀린 치료 방법을 처방할 가능성이며, 두 번째는 진료 과정에서 의사가 환자의 진짜 문제를 놓칠 가능성이다. 예를 들면 혈압 문제 때문에 의사를 방문한 환자는 통상 혈압 약만 처방받지만, 병이 낫질 않는다. 결국 과거 10년의 데이터를 살펴보니 혈압이 아니라 고지혈증, 담낭종 등 기타 질환이 있는 경우가 비일비재하다고 한다. 즉 세분화된 특수 전문의에게 치료를 받을수록 전반적인 건강 수준이 오히려 떨어질 수 있는 것이다. 결국 환자의 전체적인 상태를 파악하기 위해서는 이런 파편화된 조각을 한데 모아 종합적으로 해석해야 하는데, 이는 의료진에게 많은 자원이 필요한 행위다.

팔란티어의 온톨로지 접근법을 의료계에 적용한다면, 환자를 중심에 둔 종합 의료 데이터 통합으로 이 문제를 해결할 수 있을 것이다. 하나의 환자 객체를 만들고, 그 환자와 관련된 모든 의료 데이터를 객체와 링크로 연결을 짓는다면 환자 객체는 다음과 같은 연결 구조를 가질 수 있다.

- 인구 통계 정보: 나이, 성별, 키, 몸무게, 과거력 등 기본 환자 속성.

- 진단 객체: 환자에게 내려진 모든 진단명(예: 제1진단 당뇨, 제2진단 고지혈증 등; 속성: 진단명, 진단일, 진단한 의사 등).

- 검사 결과 객체: 혈액 검사, 영상 검사, 조직 검사 등의 결과(속성: 검사 종류, 시행일, 결과 수치/소견; 링크: 해당 검사 주문한 진료과/의사).

- 처방 및 투약 객체: 처방된 약물 리스트, 용량, 기간 (링크: 처방 의사, 조제 정보).

- 시술/수술 객체: 받은 수술이나 시술 기록(속성: 시술 종류, 일자, 집도의; 링크: 수술 보고서, 합병증 여부).

- 의료진 의견 객체: 각 진료과에서 남긴 경과 기록이나 소견 노트[속성: 작성일, 작성자(전문의), 주요 내용 키워드 등].

- 라이프 로그/웨어러블 데이터: 환자가 착용한 스마트워치 등에서 수집되는 활동량, 심박수 등의 지속 모니터링 정보.

모든 이러한 정보들이 환자 객체 하위에 유기적으로 연결되면, 말 그대로 한 환자의 디지털 트윈이 의료 데이터 공간에 형성될 수 있다. 의사는 이 통합 환자 뷰를 통해 과거부터 현재까지 해당 환자에게 일어난 모든 의료 이벤트를 시간순이든 분야별이든 한눈에 확인할 수 있게 될 것이다. 팔란티어가 영국 국민보건서비스(NHS)와 진행한 연합 데이터 플랫폼(FDP) 사업 역시 이와 유사한 목표를 갖고 있는데, 영국 정부는 팔란티어를 주축으로 NHS의 방대한 의료 데이터를 통합해, 의료진과 환자가 필요한 기록에 쉽게 접근하고 진료 예약 등 서비스를 원활히 하도록 하는 플랫폼을 구축 중이다. 이런 데이터 통합은 코로나19 대응 과정에서도 큰 효과를 발휘했는데, 팔란티어 플랫폼이 백신 재고, 접종 현황, 환자 분포 데이터를 한데 모아 거시적인 보건 전략 수립에 기여한 바 있으며, 중복 대기 환자 27만 건 제거, 수술 7만 건 증가, 퇴원 지연 환자 수 19% 감소 등 실질적 성과를 보여 주는 중이다.

에지 디바이스 측면에서 살펴보면, 현대 의료 환경에는 이미 다양한 의료용 에지 기기들이 존재한다. 환자 병상에 부착된 바이털 센서, 연속 혈당 측정기, 이동 중인 구급차의 모니터링 장비, 심지어 환자의 스마트폰 헬스 앱까지 모든 에지 디바이스들이 실시간으로 건강 관련 데이터를 생성하고 있다. 팔란티어 에지 AI나 기타 에지 컴퓨팅 솔루션을 활용하면, 이러한 기기들에서 생성되는 데이터를 실시간 수집해 필터링 · 분석한 뒤 필요한 정보를 온톨로지에 반영할 수 있게 된다. 예를 들어 중환자실 환자의 경우, 베드사이드 모니터에서 나오는 심박, 호흡, 산소 포화도 데이터를 에지 AI가 실시간 분석해 이상 패턴을 감지하면, 곧바로 중앙 환자 객체에 경고 플래그를 붙이고, 관련 전문의에게 알림을 전송할 수 있다. 또한 외래 환자의 웨어러블 기기가 기록한 생활 로그도 주기적으로 온톨로지에 축적되어, 다음 진료 시 의사가 환자의 생활 습관과 증상의 상관관계를 한눈에 파악할 수 있게 된다.

온톨로지에 통합된 환자 데이터는 의료 AI의 학습과 지원에도 강력한 기반이 될 것이다. AI는 다수 환자 객체들의 방대한 그래프를 학습해, 어떤 검사 수치 조합과 증상들이 특정 질병으로 이어졌는지, 치료 프로토콜 변경 후 어떤 경과 개선이 있었는지 등을 지식 그래프상에서 발견 가능하다. 예컨대 AI가 과거 유사 환자들의 그래프를 참고해 "이 환자의 경우 심장 전문의 소견과 혈액 검사 수치를 종합하면 희귀 질환 X의 초기 징후일 가능성이 85%입니다" 같은 통찰을 제공하면, 의료진은 이러한 정보를 참고해 추가 검사를 지시하거나 조기에 치료를 시작할 수 있고, 진단 지연이나 놓치는 부분 없이 환자에게 최적의, 사전 의료 진단과 처방을 제공할 가능성이 크게 높아질 수 있다.

참고문헌

빅데이터닥터, https://www.youtube.com/@bigdatadoctor

Financial Times(2024.11.22). NHS take-up of Palantir data platform rises despite hurdles, https://www.ft.com/content/9efae6c4-c039-49b9-bbe6-dcac575cb4a5

Palantir, https://www.palantir.com/

07
AI 시대에 기업은 어떤 인사 의사 결정을 내려야 할까?

기업은 앞으로 어떤 인재를 찾아야 할까? 어떤 인재가 살아남을까? 누구에게 어떻게 보상하고, 노조와의 관계는 어떻게 설정해야 할까?

AI와 애니메이션?

마이크로소프트의 구조 조정

마이크로소프트는 최근 수년간 두 차례에 걸쳐 대규모 구조 조정을 단행하며 시장을 충격을 주었다. 2023년 초 약 1만 명 감원으로 시작해, 2025년 5월에는 전 세계 직원의 3%에 달하는 6,000명 규모의 해고를 실시했다. 2025년의 감원은 특히 소프트웨어 개발 직군에 집중되었는데, 워싱턴주 본사의 경우 감원 인원의 40% 이상이 코딩 엔지니어들이었다. 마이크로소프트는 "역동적인 시장에서 성공하기 위한 조직 개편"이라고 하지만, 실질적으로는 제품과 서비스 전반에 AI를 신속히 통합하고 있어 AI 도입 효과가 감원으로 나타난 것이라는 해석이 나왔다. 실제로 사티아 나델라 CEO는 "일부 프로젝트에서는 코드의 30%를 AI가 작성하고 있다"고 밝혔다.

이에 그치지 않고, 마이크로소프트는 2025년 7월 추가로 약 9,000명을 더 감원해 단 2개월 만에 글로벌 인원의 8%가량인 1만5천 명 이상의 일자리를 축소했는데, 이렇게 절감된 재원은 대규모 AI 인프라 투자에 집중될 것이라고 한다. 마이크로소프트는 AI 분야에만 향후 1년간 800억 달러를 투입할 계획이며, 이를 위해 그 외 부문의 비용을 과감히 절감하고자 하는 것이다. 이를 두고 "마이크로소프트의 AI 도입으로 기술이 사람을 대체한다기보다, AI 인프라 구축의 막대한 비용 때문에 기타 부문의 인력을 줄이는 것"이라는 분석이 나왔다. 흥미로운 점은, 감원 대상 중에는 AI 관련 부문 임원도 포함되었다는 것이다. 마이크로소프트 포 스타트업(Microsoft for Startup)의 AI 디렉터였던 가브리엘라 드 케이로즈도 해고되며 "씁쓸하다"는 심정을 토로해 화제가 되었다. 이는 조직 개편에 기존 프로젝트 관리자나 기술 인력까지 광범위하게 영향을 받았음을 보여 준다.

결과적으로 마이크로소프트의 구조 조정 사례는 빅테크가 AI를 도입하는 과정에서 기존 인력 구조를 어떻게 재설계하는지 단적으로 보여 준다. AI 기술로 개발 생산성이 향상되자, 불필요해진 포지션을 과감히 정리하고 AI 투자에 자원을 집중했다. 특히 코딩 업무의 일부를 코파일럿(Copilot) 같은 생성형 AI가 대체하면서, 개발 직군 감축이 이뤄진 것이다. 경영진은 공식적으로 "AI 도입 때문에 인력을 대체하는 것은 아니다"라고 강조했지만, 이를 그대로 받아들이는 이는 드물다. 언론과 업계에서는 AI 중심 전략 전환을 대규모 감원의 원인으로 해석하고 있으며, AI 기술이 기업 구조 조정의 직간접적 동인이 되고 있음을 시사하고 있다.

빅테크들의 HR 전략 변화

AI 도입에 따른 인력 구조 변화는 비단 마이크로소프트에 한하지 않는다. 여러 빅테크 기업들도 AI 기술 확산에 발맞춰 HR(인사관리) 정책과 인력 운용에 변화를 주고 있다. 아마존의 사례를 보면, 2023년부터 수만 명 규모의 구조 조정을 진행한 가운데 경영진이 AI로 인해 향후 인력 수요가 줄어들 것임을 공개적으로 언급했다. 앤디 재시 아마존 CEO는 직원들에게 보낸 메모에서 "향후 몇 년간 생성형 AI 에이전트 도입으로 아마존의 사무직 총 인원은 줄어들 것"이라며, AI 활용을 통해 업무 효율이 높아지면 "현재 사람이 필요한 일부 업무에 앞으로는 더 적은 인원이 필요하게 될 것"이라고 밝혔다. 그는 "AI를 폭넓게 사용하면 결국 전체적으로 인력이 감소할 것으로 예상한다"고 덧붙였다. 실제로 아마존은 2023년에만 약 27,000명의 직원을 감축하면서 물류 자동화, 클라우드 등 핵심 분야에 역량을 집중했다. 동시에 사무직 채용을 축소하고, 직원들이 AI 도구를 활용해 생산성을 높이도록 독려하고 있다. 주로 지원 조직을 슬림화하려는 전략으로 읽힌다.

한편 구글은 AI 경쟁력이 곧 기업 미래를 좌우한다는 판단 아래 인력 운용을 재편했다. 2023년 초 구글 모회사 알파벳은 전 세계 12,000명 감원을 발표하며 "회사의 최고 우선순위에 따라 인원과 역할을 재정렬했다"고 설명했다. 순다르 피차이 CEO는 이메일에서 "조기에 투자한 AI 기술이 기회들을 열고 있다"면서, 이를 온전히 포착하기 위해 어렵지만 필요한 결정들을 내렸고, "AI 퍼스트(AI-first) 기업으로의 피벗"을 가속화하기 위해 저성과 부문을 정리했다는 것이다. 그는 공개 석상에서 "AI 덕분에 오히려 엔지니어 고용을 이어 갈 수 있을 것"이라며, AI가 업무를 가속화해 새로운 제품 개발을 촉진하고, 전체 고용에 긍정적 영향을 줄 것이라고 설명했다. 이처럼 구글은 선제적 구조 조정과 함께 남은 인력의 재교육, AI 활용 역량 강화에 힘쓰며 "AI 시대에 오히려 인재를 더 성장시키겠다"는 메시지를 보내는 중이다. 그러나 업계 시각은 구글 역시 내부적으로 성과 압박을 높이고, AI 관련 부문의 핵심 인재 외 나머지는 효율화하는 방향으로 조용히 움직이고 있다고 바라보고 있다.

노사 갈등과 노조의 대응 전략

AI로 촉발된 일자리 변화는 곳곳에서 노사 갈등을 야기하고 있으며, 노동조합들은 이에 대한 대응 전략을 모색하고 있다.

미디어 업계에서는 AI로 기자와 에디터의 일자리가 위협받을 수 있다는 우려가 노조를 통해 제기되고 있다. 2023년《뉴욕타임스》 기술직 노동자들은 파업을 감행하며, AI 관련 보호 조항을 요구한 바 있다.《뉴욕타임스》의 기술 부문 노조인 타임스 테크 길드(Tech Guild)는 2023년 말 단체 교섭에서 "생성형 AI는 편집국 업무의 보조적 도구로만 활용하고, AI 도입으로 인해 단 한 명의 조합원도 해고당하거나 임금 삭감이 있어서는 안 된다"는 내용을 계약에 포함시켰다. 또한 회사 측에 AI 기술 도입 시 노조와 사전에 협의하도록 요구해, 8일간의 파업 끝에 노사 공동 'AI 영향 협의위원회' 구성에 합의를 이끌어 내는 성과를 냈다. 이는 언론사 노조가 AI로부터 조합원 일자리와 작업물의 가치를 지키기 위해 선제적으로 대응한 사례다. 현재 미국신문협회 산하 다수의 뉴스길드(Newsguild) 조합들은 유사한 조항을 협약에 넣고 있는데, 구체적으로 "회사는 AI를 기사 작성의 1차 수단으로 사용하지 않는다", "AI 도입 시 노동자 재훈련 또는 전직 지원을 한다" 등이 명시되고 있다. 또한 AI가 생산한 콘텐츠는 반드시 독자에게 명시하도록 요구해,《뉴욕타임스》 등 일부 매체는 자체 지침으로 "AI가 개입한 기사에는 편집자가 검토했음을 밝힌다"는 규정을 두었다. 노조 차원에서 윤리적 AI 활용 가이드를 세우는 셈이다. 이 밖에 기자들은 AI 저작권 문제도 제기하고 있다. 예를 들어 자신의 기사가 무단으로 AI 학습에 사용되어 콘텐츠 생성에 활용되었다면, 이는 저작권 및 노동의 가치 침해라며 법적 대응을 하는 움직임도 나타난다. 전반적으로 언론 분야 노조들은 "인공지능은 기자의 도구일 뿐 대체자가 아니다", "인공지능으로 인한 비용 절감이 노동 조건 악화로 이어져선 안 된다"는 원칙 아래 단체 행동에 나서고 있다. 이러한 움직임은 창작이나 지식노동 영역에서 AI 도입 시 노동자의 전문성 보호라는 중요한 선례를 만들고 있다.

마이크로소프트가 구조 조정을 진행할 때 노조의 반대가 없었을까? 당연히 있었다. 최근 마이크로소프트의 구조 조정은 엑스박스(Xbox) 스튜디오 폐쇄와 여러 프로젝트 취소를 수반했고, 제니맥스(ZeniMax), 베세다(Bethesda) 소속 노동자들도 대상에 포함되었다. 해당 노동자들은 통신노동조합(CWA, Communication Workers of America)에 속해 있었으며, 조합은 마이크로소프트의 엑스박스 해고 사태에 대해 강하게 비판한 바 있다. 아마존 또한 일부 노조가 있으나, 아마존 자체가 해고를 통해 노조의 조직화를 저지하고 있으며, 일부 국가의 경우 시설 폐쇄나 감원 조치를 통해 노조 무력화를 시도하고 있다는 의혹이 존재한다. AI 기술 도입에 따른 구조 조정에 대한 아마존 노동조합의 대응에 관해서, 노조는 회사가 "디지털 채찍"(근무 시간, 비생산 시간, 휴식 시간 등 다양한 데이터를 AI로 실시간 감시)으로 조합원 활동을 억압하고, 징계 기준으로 삼았다고 주장하고 있다.

정리하면, AI 도입은 노사 관계에 새로운 긴장과 협력의 장을 동시에 열었다. 기업은 기술 혁신에 따른 경쟁력 강화를 추구하지만, 노동자는 일자리 안정과 공정한 전환을 요구한다. 이에 따라 노조는 AI로 인한 변화에 능동적으로 개입해 노동자의 목소리를 반영하는 방향으로 움직이고 있다. 《뉴욕타임스》 사례에서 보듯, 노조는 AI 활용의 윤리와 절차를 협상 의제로 삼아 성과를 거둘 수 있음을 입증했다. 향후 노사 모두에게 중요한 것은 상호 신뢰를 바탕으로 한 투명한 대화일 것이다. 기술은 계속 발전할 것이고, 갈등을 최소화하며 인간 중심의 혁신을 이루는 것이 경쟁력의 또 다른 축이 될 것이기 때문이다.

참고문헌

Bowden, Z.(2025.7.4). Report: Microsoft's 2025 layoffs revolve around its desperate $80 billion AI infrastructure investment. *Windows Central,* https://www.windowscentral.com/microsoft/report-microsofts-2025-layoffs-revolve-around-its-desperate-usd80-billion-ai-infrastructure-investment

Burleigh, J.(2025.7.7). Microsoft announces another round of AI-related layoffs, targeting gaming and engineering workers. *World Socialist Web Site,* https://www.wsws.org/en/articles/2025/07/07/qdhs-j07.html

Kelly, R.(2025.6.25). Google CEO Sundar Pichai is unfazed by AI job cuts — workers might not share the same optimism. *ITPro,* https://www.itpro.com/business/careers-and-training/google-ceo-sundar-pichai-ai-job-losses

Newsome, D.(2024.5.12). Guild members are winning strong protections from employer-pushed AI. *The NewsGuild-CWA,* https://newsguild.org/guild-members-are-winning-strong-protections-from-employer-pushed-ai

Pichai, S.(2023.1.20). A difficult decision to set us up for the future. *Google The Keyword,* https://blog.google/inside-google/message-ceo/january-update

08
AI 시대에 기업은 어떤 컴플라이언스 의사 결정을 내려야 할까?

AI 관련 법률 도입으로 규제 환경은 변화하고 있다. 기업은 앞으로 리스크를 어떻게 관리하고 선제적으로 방어해야 할까? 최고경영진의 의지(Tone at the Top)는 왜 중요할까?

AI와 인재 채용?

컴플라이언스 업무의 정의 및 현황

컴플라이언스(Compliance)란 일반적으로 기업 경영에서 준법 감시 또는 준법 경영을 의미한다. 이는 회사 임직원 모두가 업무와 관련된 법규와 규정을 잘 준수하도록 사전에 감독하고 관리하는 활동이다. 현업에서의 컴플라이언스 부서의 역할과 범위는 기업마다 다소 차이가 있다. 일부 기업에서는 컴플라이언스를 법률 준수에 국한하기도 하고, 어떤 기업은 윤리 경영, 내부 통제, 심지어 ESG(환경 · 사회 · 지배구조) 경영의 일환으로 확대해 다루기도 한다.

일반적으로 컴플라이언스 업무에는 뇌물 방지와 부패 방지를 위한 반부패(anti-corruption) 프로그램, 카르텔 방지와 공정 거래 준수를 위한 반독점(anti-trust) 관리, 내부 고발이나 비위 조사 시 내부 감사 부서와의 협업 등이 포함된다. 이 외에도 산업 특성에 따라 개인정보 보호, 무역 규제, 산업 안전 등 관련 법규 준수도 컴플라이언스 팀의 관리 영역에 속하는 경우도 있다.

기업 환경에서의 컴플라이언스의 중요성은 꾸준히 높아지고 있다. 실제로 국내외 대기업들은 앞다퉈 준법 감시 조직을 신설하거나 강화하고 있으며, 국제 기준에 맞는 컴플라이언스 경영 시스템 인증(예: ISO 37301)을 획득하는 사례도 늘고 있다. 한 업계 관계자는 "개별 기업의 준법 준수와 내부 부패 문제를 면밀히 관리하는 것은 ESG 경영에도 필수적"이라며 컴플라이언스 팀의 역할이 갈수록 중요해지는 추세라고 언급했다. 특히 다국적 기업의 경우 유럽, APAC(아시아 태평양) 지역, 중국, 북중미, 남미 지역의 다양한 법규를 통합적으로 준수해야 하므로, 컴플라이언스 담당자는 각국의 「반부패법」—미국의 「해외부패방지법(FCPA)」, 영국의 「뇌물수수법(Bribery Act)」 등—과 「공정거래법」, 현지 규제를 아우르는 광범위한 지식과 관리 역량을 요구받는다. 요컨대 컴플라이언스는 단순한 법률 준수를 넘어 기업의 윤리적 경영 문화를 정착시키고 조직과 임직원을 법적·윤리적 리스크로부터 보호하는 핵심 관리 분야로 자리 잡고 있다.

컴플라이언스 부서 업무 방식의 변화

인공지능 기술의 도입은 기업 컴플라이언스 업무 방식 전반에 큰 변화를 가져오고 있다. 전통적으로 사람의 손으로 수행되던 많은 작업이 AI를 통해 자동화되고, 방대한 데이터를 활용한 심층 분석이 가능해졌다. 특히 자연어 처리와 생성형 AI의 발전은 컴플라이언스 담당자들의 업무 효율과 정확성을 크게 향상하고 있는데, AI 도입으로 달라지고 있는 업무 방식에 대해 알아본다.

자동화된 자문 제공(Chatbot): AI 챗봇을 활용하면 임직원들의 간단한 컴플라이언스 문의에 실시간 답변을 제공할 수 있다. 예를 들어 직원들이 "이런 선물을 받아도/줘도 되나요?" 또는 "출장비 사용 한도가 얼마인가요?" 같은 질문을 하면, 챗봇이 회사 정책과 법규를 바탕으로 즉시 조언을 줄 수 있다. 이러한 컴플라이언스 챗봇은 24시간 내내 가동되어 전 세계 어느 지역이나 접근성이 높고, 언어의 장벽을 뛰어넘을 수 있으며, 학습된 규정에 대해 일관된 답변을 제공한다. 이를 통해 반복적이고 단순한 문의 대응에 소요되는 시간을 줄여 주고, 컴플라이언스 담당자는 보다 복잡한 이슈에 집중할 수 있다. 또한 챗봇은 규정 변경 사항도 신속히 반영해 최신 정책 업데이트를 전사에 전달하는 데에도 활용될 수 있다.

조사 업무 기획 및 지원: 컴플라이언스 위반 의혹이 발생하면, 내부 조사를 어떻게 설계하고 실행할지 계획하는 데 많은 시간과 노력이 든다. AI는 이러한 조사 설계 단계에서도 유용한 도구가 될 수 있다. 예컨대, 과거의 유사한 위반 사례들을 데이터베이스화해 둔 AI 시스템은 새로운 사건이 발생했을 때 관련 패턴과 단서를 식별해 어떤 방향으로 조사를 진행해야 할지 제안 기능을 제공할 수 있다. 실제로 최근 일부 컴플라이언스 소프트웨어는 내부 정책과 과거 유사 사례에 기반한 실행 방안 추천 기능을 탑재하고 있는데, 이는 AI가 조사 담당자에게 “추가 확인 사항”이나 “참고할 전례” 등을 알려 주는 형태다. 또한 AI 기술을 활용한 포렌식 소프트웨어의 경우 방대한 전자 메일, 채팅 기록, 금융 거래 데이터 등을 빠르게 분류하고 관련성을 분석해, 사람이 놓치기 쉬운 의심스러운 패턴을 미리 포착해 준다. 이를 통해 조사 범위를 더욱 정확히 설정할 수 있고, 중요한 증거를 조기에 발견할 가능성이 높아진다. 요컨대 AI는 데이터 분석과 아이디어 제안을 맡고, 최종 판단과 전략 수정은 인간 조사관이 담당하는 식의 협업 모델이 형성되고 있다.

업계 선도 기업

컴플라이언스 조사 및 사건관리 시장은 사건관리 소프트웨어 시장과 컴플라이언스 관리 소프트웨어 시장으로 구성되며, 모두 두 자릿수 성장률을 보이고 있다. 2024~2025년의 주요 트렌드로는 AI/ML 기술의 주류화, 클라우드 기반 솔루션 우세, 실시간 모니터링 강화, 규제 강화 대응이 중심에 있으며, 다수의 기업이 1년 내에 생성형 AI 도입을 계획하고 있어, 산업 전반으로 유리한 환경이 조성되고 있는 것으로 보인다. 케이스 IQ(Case IQ)와 루시디티(Lucidity)라는 두 회사에 대해 간략히 알아본다.

케이스 IQ: 성숙한 시장 선도자의 AI 혁신

케이스 IQ는 1999년 조 제러드(Joe Gerard)와 제프 잉글리시(Geoff English)가 아이사이트(i-Sight)라는 이름으로 창업했고, 현재 26년의 역사를 자랑한다. 2023년 5월 케이스 IQ로 리브랜딩하며 새로운 도약을 시작했고, 현재 데이비드 맥닐(David McNeill)이 CEO로 경영 중이다. 캐나다 오타와에 본사를 두고 있으며, 190~203명의 직원이 미국, 캐나다, 유럽, APAC 등 원격 우선 근무제로 운영되고 있다.

케이스 IQ는 조사 사건 관리를 핵심으로 하는 종합 GRC(Governance, Risk, Compliance) 솔루션을 제공한다. 주요 제품군은 다채널 사건 접수 시스템, 구성 가능한 워크플로, 내부 고발자 핫라인, 컴플라이언스 모니터링으로 구성되며, 80,000명 이상의 조사관과 케이스 매니저가 플랫폼을 활용하고 있다.

가장 주목할 만한 혁신은 2024년 6월 출시된 AI 코파일럿 스위트(AI Copilot Suite)다. 마이크로소프트 애저(Azure)와 오픈AI의 GPT-4를 기반으로 한 이 시스템은 Summarization Copilot(사건 요약 자동화), Translation Copilot(실시간 다국어 번역), 2024년 3분기에 출시한 인테이크 코파일럿(Intake Copilot)으로 구성된다. 1,000명 이상의 고객 설문에서 62%가 AI 요약 기능을 가장 필요로 한다고 응답할 정도로 시장 요구에 부합하는 혁신으로 판단된다.

케이스 IQ의 2025년 7월까지의 매출은 3500만 달러로 추산되며, 리서전스 테크놀로지 파트너(Resurgens Technology Partners)의 소유하에 안정적인 성장을 보이고 있다. 2022년 투자를 유치했으며, 최근 2025년 1월 렉스터그리티(Lextegrity)를 인수해 실시간 컴플라이언스 모니터링 역량을 강화했다. 이전에도 2023년 10월 위슬블로어 시큐리티(WhistleBlower Security)를 인수해 핫라인 기능을 확장하는 등 적극적인 인수 합병(M&A) 전략을 구사하고 있다.

회사는 포천(Fortune) 500 기업부터 중소기업, 대학교, 정부 기관까지 광범위한 고객층을 보유하고 있다. 클리어리절트(CLEAResult), 스프링 에듀케이션 그룹(Spring Education Group), NYC 헬스플러스 병원(NYC

Health + Hospitals) 등 주요 고객들은 신고 대응 시간을 1시간에서 몇 분으로 단축하는 등 구체적인 성과를 거두고 있다.

케이스 IQ의 AI 전략은 검증된 플랫폼을 사용하되 이를 충분히 똑똑하게 활용하는 것이다. 즉, 마이크로소프트 애저와 오픈AI의 전략적 파트너십을 통해 기존 플랫폼에 AI 기능을 통합하는 접근법을 택했다. GPT-4 기반 코파일럿 스위트는 타임라인 생성, 증거 분석, 정책 검색, 권고 사항 생성 등의 기능을 제공하며, 엔터프라이즈급 보안으로 데이터를 보호한다. 마이크로소프트의 키스 바워(Keith Bauer)는 이 협력을 "시장에서 독특한" 파트너십으로 평가했다.

루시니티: AI 네이티브 금융 범죄 예방 혁신자

루시니티(Lucinity)는 2018년 GK(Guðmundur Kristjánsson)가 아이슬란드 레이캬비크에서 창업한 핀테크 스타트업이다. GK는 시티그룹(Citigroup)에서 컴플라이언스 감시 기술 이사(Director of Compliance Surveillance Technology)로 근무했으며, 14세에 첫 번째 강화 학습 소프트웨어를 개발한 천재 개발자로 알려져 있다. 팀은 60명가량으로 구글, 페이스북, 비자(Visa), 골드만삭스

출신 전문가들이 자문 위원으로 참여하고 있다. 루시니티의 핵심 제품은 세계 최초 금융 범죄 예방 AI 에이전트인 루시(Luci)다. 30개 이상의 내장 스킬을 보유해 케이스 요약, 자금 흐름 시각화, RFI(Request for information, 거래 자료 요청) 작성, SAR(Suspicious Activity Report, 위험 거래 감지 보고서) 보고서 생성 등을 자동화하며, 조사 시간을 3시간에서 30분으로 단축한다. 플랫폼 무관 플러그인으로 기존 시스템에 즉시 통합 가능한 것이 큰 장점이다. 통합 케이스 관리 플랫폼인 케이스 매니저(Case Manager)는 AML(Anti-Money Laundering, 자금세탁방지), 사기, 제재, 수동 케이스를 하나의 플랫폼으로 통합하며, 커스토머 360(Customer 360)은 KYC(Know your customer, 고객확인제도)와 거래 데이터를 종합 분석해 이상 패턴을 자동 탐지한다.

루시니티는 2024년 960만 달러의 매출을 달성하며 전년 대비 81% 성장을 기록했다. 2018년 창업 이래 총 2510만 달러의 투자를 유치했으며, 2022년 시리즈 B(Series B)에서 킨 벤처 파트너스(Keen Venture Partners) 주도로 1700만 달러를 조달했다. 직원 수도 2023년 25명에서 2024년 62명으로 2배 이상 증가하며 급속한 확장세를 보이고 있다. 플레오(Pleo)라는 덴마크 핀테크 기업은

30개 이상 벤더를 평가한 후 루시니티를 선택했으며, 거짓 양성률(False Positive Rate)을 99.7%에서 21%로 감소시키고, 일일 케이스를 160건에서 50건으로 줄이는 성과를 달성했다.

루시니티는 인간 중심 AI(Human-Centered AI) 접근법으로 AI와 인간 전문성을 결합한 증강 인텔리전스를 구현한다. RAG(Retrieval Augmented Generation, 검색증강생성) 기술로 환각 현상을 방지하고, 설명 가능(Explainable) AI로 모든 결정 과정을 추적 가능하게 만든다. 특허 기술인 연합 학습(Federated Learning)과 동형 암호화(Homomorphic Encryption)를 통해 민감 데이터 공유 없이 금융기관 간 협업 학습을 가능하게 한다. 특히 프로젝트 오로라(Project Aurora)에서 국제결제은행(BIS) 의 혁신허브 노르딕센터(BIS Innovation Hub Nordic Centre)와 협력해 국경 간 자금세탁 탐지 기술을 검증받는 등, 기술 혁신성을 인정받고 있다.

시리즈 B 1700만 달러 유치 후 급성장 중이며, 마이크로소프트 인증 금융 AI를 획득해 애저 생태계 내 조달을 간소화했다. PwC 덴마크, 팩텀(Facctum), 제누(Zenoo), 크레디트인포(Creditinfo) 등과의 전략적 파트너십을 통해 글로벌 확장을 가속화하고 있으며, 유럽에서 북미로 시장을 확대하고 있다.

톤 앳 더 톱

"톤 앳 더 톱(Tone at the Top)"이란 조직의 최고 경영진이 보여 주는 윤리 의식과 준법 경영에 대한 태도를 의미하며, AI 기술의 도입과 활용에서도 경영진의 인식과 대응 태도는 전사적 컴플라이언스 안정성에 막대한 영향을 미친다. 다시 말해, 리더십의 의지와 행동이 AI를 어떻게 활용하고 통제할지에 대한 조직 전체의 준거 기준이 된다.

우선, 경영진이 AI 활용의 이점과 리스크를 균형 있게 이해하고 있는지가 중요하다. 최고 의사 결정자가 단순히 "AI가 혁신적이니 무조건 도입하라"는 식으로 지시한다면 현업에서는 속도에만 쫓겨 준법 위험 관리가 소홀해질 수 있다. 반대로 경영진이 막연한 두려움에 "AI 사용 금지"만 외친다면 조직은 혁신에서 뒤처지고, 비공식적으로 은밀히 AI를 쓰는 "그림자 IT"가 생겨 오히려 통제가 어려워질 수 있다. 따라서 최고 경영진은 AI에 대해 솔직하면서도 건설적인 입장을 취해야 한다. CEO나 임원이 공개 석상에서 AI 활용 시 준법과 보안을 최우선 가치로 삼겠다고 천명하고, 스스로도 회의 자료 작성 등에

AI를 활용하되 민감 정보는 철저히 가리는 모범을 보인다면, 직원들은 자연스럽게 AI를 책임감 있게 사용하는 문화를 받아들이게 된다.

특히 컴플라이언스 분야의 톤 앳 더 톱은 더욱 중요하다. 컴플라이언스 이슈는 일반 직원들이 위반을 저질러도 궁극적 책임은 경영진과 회사에 돌아온다. 따라서 이사회와 경영진은 AI 도입으로 인한 새로운 컴플라이언스 리스크에 선제적으로 대응하는 모습을 보여야 한다. 예컨대 AI로 인한 정보 유출 사고가 발생했을 때 윗선에서 철저한 조사와 재발 방지 의지를 분명히 해야, 조직 구성원들도 문제의 심각성을 인식하고 협조하게 된다. 또한 경영진은 충분한 자원 배분을 통해 AI 컴플라이언스 체계를 뒷받침해야 한다. 아무리 일선 직원들에게 "규정을 지키라"고 해도, 정작 관련 교육과 시스템 투자를 아끼면 현실에서는 지켜지기 어렵기 때문이다. 경영진이 예산을 편성해 AI 위험성 교육, 내부 정책 정비, IT 보안 투자 등을 실행하면, 이는 곧 회사 차원의 실질적 의지로 받아들여져 구성원들이 더욱 책임 있게 행동하게 될 것이다.

톤 앳 더 톱은 조직 문화와 연결된다. AI는 새로운 기술이므로 사용 초기에는 시행착오가 있을 수밖에 없다.

이때 경영진이 문제 발생 시 호통과 문책만 한다면 직원들은 소극적으로 위축되어 혁신을 기피하거나, 문제를 숨기려 들 수 있다. 반대로 경영진이 "문제가 생기면 투명하게 보고하고, 함께 해결책을 찾자"는 열린 태도를 보이면 직원들도 조기에 이슈를 공유하고, 개선 노력을 기울이게 된다. 국내 S 대기업의 경우, 경영진이 챗GPT 등장 직후 전사 임원 세미나를 열어 "생성형 AI가 가져올 미래"를 논의하고 임원들에게 적극 학습을 주문하는 한편, 최고 리더십은 보안과 윤리를 강조하며 신중한 활용을 당부하기도 했다. 이러한 리더십의 관심과 메시지는 조직 전체에 AI 활용에 대한 명확한 시그널을 전달한다. 요컨대 경영진이 "준법을 전제로 혁신을 추구하라"는 뚜렷한 톤을 제시하면, 직원들은 AI를 활용하면서도 규범을 지키는 두 가지 과제를 모두 달성하려고 노력할 것이다. 반면 경영진이 AI로 인한 위험에 무감각하거나, 오로지 성과만 강조하면, 머지않아 조직은 예기치 못한 컴플라이언스 사고를 마주할 가능성이 높아진다.

결국 톤 앳 더 톱은 AI 시대의 컴플라이언스에서도 가장 강력한 나침반이다. 최고 경영진이 원칙 중심의 뚜렷한 방향을 제시하고 솔선수범할 때, AI 기술은 기업에 유익한 도구로 자리 잡을 것이며, 컴플라이언스 또한 안정적으로 유지될 수 있다. 반대로 톤 앳 더 톱이 부재하면 아무리 좋은 AI도 잘못된 방향으로 쓰일 수 있음을 명심해야 한다.

참고문헌

Bouchrika, I.(2025.8.6). 15 best case management software for 2025. *Research.com,* https://research.com/software/best-case-management-software

Case IQ, https://www.caseiq.com/

Dezen, N.(2023.1.23). Empowering partners with AI: unveiling Microsoft 365 Copilot Chat. *Microsoft Partner Blog,* https://partner.microsoft.com/en-us/blog/article/introducing-microsoft-365-copilot-chat

Grand View Research(2025.2). Case management software market size, share & trends analysis report, https://www.grandviewresearch.com/industry-analysis/case-management-software-market-report

Lucinity, https://lucinity.com/

Research and Markets(2025.8). Compliance management software market by component (services, solutions), deployment (cloud, on-premises), organization size, end use industry - Global forecast 2025-2030, https://www.researchandmarkets.com/report/compliance-management-software

SmartCompliance(2024.11.8). The future of compliance automation — Trends and innovations to watch in 2024,

https://smartcompliance.co/blog/the-future-of-complianc
e-automation-trends-and-innovations-to-watch-in-2024

09
AI 시대에 재무 담당 임원은 어떤 의사 결정을 내려야 할까?

2023년 이후 AI 허니문 기간이 끝나 가고 있다. 자본 시장은 AI 기업을 어떤 기준으로 바라보며, 기업 내부적으로 AI 기술에 관한 투자 의사 결정은 어떻게 내려져야 할까?

AI와 기자?

달라지는 시장의 기대치

AI 시대의 최고재무책임자(CFO)는 단순한 재무 관리자 역할을 넘어, 기업의 미래 가치를 책임지는 전략가의 모습으로 변하고 있다. 인공지능 기술의 부상으로 기업 가치 산정에 대한 자본 시장 기대치가 변화함과 동시에, 기업 내부의 투자 의사 결정 방식에도 변화가 생긴 것이다. 2023년 GPT 3.5 이후 자본 시장의 AI에 대한 허니문 기간이 있었다면, 이제는 "AI 기업들은 얼마나 실질적 성장과 매출을 보여 주고 있는가"에 대한 기대치가 높아지고, 높아진 잣대가 시장에 적용되고 있다. 동시에 2024년까지 각종 AI 관련 파일럿 사업들과 PoC(Proof of Concept, 개념증명)에 몰두했던 분위기에서, 2025년 들어 진행된 PoC 사례들은 "AI 도입" 그 자체에 의미를 가지기보다는 기업 내에서 실질적인 성과 도출이 가능하다고 확인된 경우에만 사업을 진행한다. 경영진 수준에서 AI 투자에 측정 가능한 ROI(투자수익률)를 강하게 요구받는 상황이다.

투자자/CFO의 시각: AI 기업 가치 평가

일반적인 벤처 투자자가 AI 스타트업(또는 AI 기술을 내재한 기업)을 평가할 때에는, 초기의 재무 지표보다는 기술 및 사업의 내재적 가치를 면밀히 따져 본다. 초기에 비하면 AI 기술에 대한 이해도와 사업적 성과를 바라보는 투자자의 기대치가 높아졌기에 다음과 같은 핵심 기준을 전달해야 한다.

기술 진입 장벽과 지속 가능성

해당 스타트업의 AI 기술이 경쟁사가 쉽게 모방할 수 없는 독자적 알고리즘이나 데이터 우위를 지니고 있는가? 기술 특허, 독점 데이터세트, 탁월한 모델 성능 등의 요소가 높을수록 진입 장벽이 높다. AI 분야는 기술 상용화(Commoditization)가 빠르게 진행되고 있다. 오픈AI의 GPT-4 모델 토큰 가격은 1년 사이 98%나 하락하고, 오픈 소스 등의 대안들이 빠르게 격차를 좁히는 등 기술 우위가 평준화되는 추세다. 따라서 CFO는 해당 기업의 기술적 모멘텀이 일시적 유행에 그치지 않고 지속적인 혁신과 데이터 축적으로 기업의 장기적인 해자(moat)를 구축할 수 있는지를 판단해야 한다. 현재 한국과 미국 AI 스타트업/기업들의 기업 가치에 대한 거품 논쟁도 존재하는데, 파운데이션 캐피털(Foundation Capital)의 분석에 따르면 전 세계 생성 AI 기업들의 연간 매출 총합이 100억 달러에 못 미치는 반면, 미래 인프라 투자 계획은

1조 달러를 상회한다는 분석도 있다 100억 달러 매출을 내지 못하는데 그 100배를 투자하는 것이 과연 타당한가? 어떤 이유에서? 이처럼 현실 매출 대비 높은 기대치를 형성하고 있는 사례가 많은 만큼, 투자자는 기술력의 실체와 시장 경쟁 우위를 면밀히 검증해야 하고, 자본 시장에 참여하는 CFO도 기술적 해자를 구성하고 이를 효과적으로 전달할 방법을 찾아야 한다.

매출 실현 가능성과 사업 모델

수익화 전략이 얼마나 명확하고 현실적인가도 기업 평가의 핵심 요소다. AI 솔루션이 실제 B2C, B2B 고객 지불 의사를 이끌어 낼 수 있는지, 현재 매출 수준과 성장세는 어떤지, 전체 시장, 유효 시장, 수익 시장과 성장률은 얼마나 되는지 등을 객관적으로 판단해야 한다. 최근 몇 년간 AI 스타트업들이 폭발적 관심 속에 높은 투자를 유치했지만, 정작 지속 가능한 수익 모델 없이 미래 전망만으로 평가받는 경우도 많았다. 투자자는 언제나 제시된 미래 현금 흐름 및 할인율에 대해 기업보다는 냉정한 관점에서 가치를 산정한다. 예를 들어 단기간 내 현금 흐름 창출 가능성이 낮다면 보다 높은 할인율로 보수적으로 접근하거나, 단기 수익화 지표(사용자 증가, 파일럿 계약 전환율 등)를 추가로 검토할 수 있다. 실제 KPMG와 베인(Bain) 등의 설문에서도 2025년 AI 기업에 투자하는 투자자나, 동시에 AI 기술 도입을 검토하는 CFO들의 공통된 관심사는 "AI에 대한 투자가 구체적 매출이나 비용 절감으로 즉시 이어지고 있는가"로 나타났으며, 동시에 CFO의 90%가 투자자들에게 ROI 증빙 압박을 받고 있다. 즉, AI 스타트업이라고 해도 현금 창출 스토리가 분명해야 높은 가치를 인정받을 수 있다.

조직 역량과 실행 능력

"스타트업을 산다는 것은 곧 그 사람들을 산다는 것"이라는 말이 있을 만큼, 핵심 인재와 팀의 역량은 특히 초기 스타트업의 기업 가치 산정에 중요한 부분이다. 특히 최근 한화로 19조 원이 넘는 돈을 지급하고 지분 49%를 인수한 메타의 스케일 AI(Scale AI) 인수 사례를 보면 핵심 요소인 뛰어난 인재와 데이터 인프라 자원 확보에 대한 의사 결정에는 어떤 주저함도 없었던 것이 아닐까 하는 생각이 든다. 기술 투자자 또는 잠재 매수자는 해당 기업 창업 팀과 기술진의 도메인 전문성, AI 인재 풀, 신속한 제품 개발 능력을 갖췄는지 살펴본다. 특히 데이터/엔진/서비스의 선순환을 가능케 하는 데이터 사이언티

스트, ML엔지니어 등 인재 확보력이 성패를 좌우하므로, 인재 영입 및 유지 전략도 중요한 평가 요소다. 매수자와의 전략적 시너지도 고려 대상인데, 예컨대 매수자의 장단기 제품 포트폴리오에서 AI 스타트업이 보유한 기술이 어떻게 통합될지, 기존 고객 기반에 시너지를 낼지 등을 잠재 투자자와 CFO는 중요하게 검토하고 이를 점검해야 한다. 결국 "좋은 기술+뛰어난 팀+실현 가능한 비즈니스 모델"이 삼위일체가 되어야 높은 기업 가치를 인정받을 수 있다.

AI 투자와 기술 도입 타당성 평가

AI 분야 투자와 기술 도입을 검토하는 회사의 입장에서, 고금리 시기에는 상대적으로 더욱 엄격한 재무 잣대가 적용된다. 자본 비용(cost of capital)이 상승하면 미래 현금 흐름의 현재 가치가 낮아지기 때문에, AI 관련 투자 역시 기대 수익률이 충분히 높거나 전략적으로 필수적인 경우로 진행되어야 한다. 과거에는 통상 순현재가치(NPV)와 내부 수익률(IRR) 등 현금 흐름 할인 모델을 사용해서 재무 수익성을 검토했다. 또한 회수 기간(Payback Period)도 중요 지표인데, 금리가 높을수록 투자 회수 기간이 짧은 프로젝트에 우선순위를 두어 빠른 현금 회수를 도모한다.

그러나 빅테크 간 경쟁이 치열하고, 빠르게 변화하고 있는 AI 영역에는 NPV나 IRR보다 기회비용과 비투자의 위험에서 투자 의사 결정이 이뤄지는 경우가 더 많은 것으로 보인다. "지금 하지 않았을 때 향후 입게 될 손해"를 계량화한 지표를 비투자의 위험(RONI, Risk of Non-investment)이라 부르며, 실제 현업에서는 아예 투자하지 않을 경우 발생할 비용(경쟁력 상실 등)을 산정해 의사 결정에 활용하기도 한다. 예컨대 경쟁사가 모두 AI로 효율화를 이루는 가운데 우리만 투자하지 않아 시장 점유율을 잃게 된다면, 이는 숨겨진 비용으로 봐야 한다. 이러한 맥락에서 최근의 빅테크의 AI 기업 투자, 인수 합병(M&A) 사례는 다음과 같다.

마이크로소프트 - 오픈AI(2023년 1월): 마이크로소프트는 2023년 1월 오픈AI와 맺은 장기 파트너십의 3단계로 오픈AI에 수십억 달러를 추가 투자하며 협력을 확장했다. 애저(Azure)를 오픈AI의 독점 클라우드로 지정하고, GPT-4 기반 AI 모델을 자사 서비스[예: 코파일럿(Copilot)]에 통합할 계획이다. 이를 통해 마이크로소프트는 최첨단 AI 기술에 대한 독점적 접근을 확보, 미래 AI 시장 진입을 위한 선택권을 갖게 되었다.

아마존(Amazon) – 앤트로픽(Anthropic)(2025년 6월): 아마존은 2025년 6월까지 앤트로픽에 총 40억 달러를 투자하며 아마존웹서비스(AWS)와 협력 관계를 강화했다. AWS는 앤트로픽의 생성형 AI 모델[클로드(Claude)]을 자사 클라우드 인프라와 연동해 고객에게 제공한다. 이를 통해 아마존은 향후 AI 서비스 시장에서 독자적인 기술 생태계를 구축할 '선택권'을 확보했다. 이는 탄탄한 고객층을 보유한 AWS 플랫폼에 미래 AI 기능을 접목할 수 있는 권리를 확보했다는 점에서 중요한 의미를 가진다.

메타(Meta) – 스케일 AI (2025년 6월): 메타는 2025년 6월 AI 학습용 데이터 라벨링 기업 스케일 AI의 지분 49%를 148억 달러에 인수했다. 스케일 AI는 GPT · 라마 등 대규모 언어 모델 훈련에 필요한 고품질 데이터 전처리를 담당하는 핵심 인프라로 평가된다. 메타는 이 인수를 통해 AI 연구에 필요한 데이터 공급망을 장악함으로써, 미래 AI 모델 개발에 전략적 유연성을 확보한 것으로 평가된다. 투자 규모와 스케일 AI CEO의 프로필에 힘입어 한동안 회자되었던 M&A 건이었다.

구글 – 윈드서프(Windsurf)(2025년 7월): 알파벳은 2025년 7월 AI 코드 생성 스타트업 윈드서프의 핵심 인력을 딥마인드로 영입하고, 해당 기술을 비독점 라이선스로 확보하는 형태로 약 24억 달러를 투자했다. 윈드서프 팀은 구글 딥마인드의 새로운 AI 프로젝트[제미나이(Gemini)] 개발에 투입될 예정이며, 이를 통해 구글은 전체 회사를 인수하지 않고도 제미나이를 고도화할 핵심 기술을 확보할 수 있게 되었다.

AI 시대에 CFO는 숫자만 보는 재무 담당자가 아니라, 전사적 관점에서 기업 가치를 책임지는 전략가로서 거듭나고 있다. 재무 수치를 관리하던 전통적인 역할에 더해, 이제는 디지털 혁신과 성장 전략의 설계자로 활약해야 한다. 이를 위해 CFO들은 비즈니스 모델 변화와 시장 지형 변동을 통찰하는 전략적 마인드셋이 필요하고, AI의 재무적 임팩트를 측정할 견고한 사고의 프레임워크를 갖춰야 한다. 또한 조직 내 역할 변화에 대한 리더십을 발휘해 AI 활용의 모범 사례(role model)가 되어 마인드셋 전환을 독려하고 AI 수용성을 높이는 문화를 구축해야 한다.

그뿐만 아니라, 기업 가치 극대화를 위한 새로운 성과 지표를 마련해야 한다. 전통적인 재무 지표(매출, 이익 등)만으로는 AI가 만들어 내는 간접적 가치를 포착하기 어렵다. 따라서 CFO는 재무 + 비재무 지표가 어우러진

에쿼티 스토리를 구체적으로 설계할 필요가 있으며, 고객 만족도, 혁신 기여도, 데이터 자산 가치, 직원 생산성 지수 등을 포함한 지표 체계를 구축해, AI가 장기적으로 기업 가치(valuation)에 기여하는 요소들을 추적하고, 이를 이사회 · 투자자와 적극적으로 커뮤니케이션해야 한다.

참고문헌

Gartner, IBM, PwC 연구 자료 등.

VentureBeat(2025.6.27). CFOs want AI that pays: Real metrics, not marketing demos, https://venturebeat.com/ai/cfos-want-ai-that-pays-real-metrics-not-marketing-demos/

World Economic Forum(2025.3.25). AI is transforming finance, CFOs say. Here's how, https://www.weforum.org/stories/2025/03/ai-transforming-finance-cfo-insights/

10

AI와 전문직의 미래

급변하는 시대에는 어떤 역량을 갖춘 이들이 살아남을 수 있을까? AI 시대에 전문직에게 더욱 요구되는 소양은 어떤 것일까?

AI와 미래 의사?

사회 전반의 영향

사회 각 분야에서 AI 기술이 일으키는 변화의 속도와 폭은 과거 어떤 기술 혁명과도 비교할 수 없을 만큼 급격하다. 사회 전반을 비롯해 의료, 법률, 재무 등 1~9장에서 다룬 전문직 영역들은 이미 AI의 영향을 받아 업무 방식 전반이 전환되고 있다. 특히 GPT 출시 이전과 이후를 비교하면, 정보 수집, 요약, 초안 작성 같은 일상적 업무가 AI 도구에 의해 상당 부분 자동화되고 있으며, 이를 기반으로 전문가는 고차원적 판단과 커뮤니케이션에 집중하는 구조로 변화하고 있다.

기술 혁신은 항상 사회 변화를 동반해 왔지만, AI는 단순한 도구를 넘어 사회 전반의 업무 구조와 역할 분담을 재정의하는 수준의 변화를 내포한다. 최신 PwC의 AI 일자리 측정(AI Jobs Barometer)에 따르면, AI에 노출된 산업의 경우, 해당 직무에 필요한 스킬이 다른 직무보다 66% 더 빠르게 변화하고 있으며, AI 기술을 갖춘 근로자의 임금은 평균 56% 높은 프리미엄을 받는다는 결과가 나타났다. 또한 세계경제포럼(WEF)의 "2025년 미래 일자리 보고서(Future of Jobs Report 2025)"는 2030년까지 핵심 직무 스킬의 약 39%가 변화할 것이라고 예측하며, 기술적 역량뿐 아니라 창의성, 회복력, 비판적 사고,

평생 학습 능력도 동시에 요구된다고 강조한다.

AI는 단순 업무를 자동화할 뿐 아니라, 반복적이고 정형화된 판단이 필요한 업무도 대체하고 있다. 또한 데이터 처리 능력에서 AI의 우위는 압도적이다. 수백만 건의 판례를 순식간에 검색하고, 복잡한 재무 데이터를 실시간으로 분석하며, 의료 영상에서 인간이 놓칠 수 있는 미세한 패턴까지 감지해 낼 수 있다. 특히 패턴 인식 분야에서 AI는 인간의 인지적 한계를 뛰어넘는 성능을 보이기도 한다. 방사선 영상 판독에서 AI는 이미 숙련된 방사선과 의사와 동등하거나 우수한 정확도를 달성했으며, 계약서 검토에서는 변호사보다 빠르고 정확하게 중요한 조항을 식별할 수 있다. 프레이와 오스본(Frey & Osborne)의 연구는 미국 직무의 약 47%가 자동화 위험에 놓여 있다고 경고했으며, GPT 같은 언어 모델은 미국 노동자의 약 80%에게 최소 10% 이상의 업무 변화를, 약 19%에게는 50% 이상 업무 변화를 불러올 수 있는 상황임을 시사한다.

이러한 변화 속에서 AI를 활용하는 전문직과 그렇지 않은 전문직 간의 격차도 점차 벌어지고 있다. 일부 기업들이 AI를 활용해 생산성을 극대화하는 반면, 기술 적응이 느린 전문가는 경험 · 신뢰 · 감정 기반의 역할마저 위협받고 있다. 예컨대 앤트로픽의 CEO 다리오 아모데이(Dario Amodei)는 향후 5년 내 엔트리 레벨의 화이트칼라 직무의 최대 50%가 사라질 수 있고, 미국 실업률이 20%까지 상승할 수 있다고 경고했다. 포드의 CEO 제임스 팔리(Jim Farley) 역시 화이트칼라 노동자의 절반이 AI에 의해 대체될 수 있음을 언급하며 경각심을 일깨웠다. 그러나 IBM의 CEO 아르빈드 크리슈나(Arvind Krishna)는 전반적으로는 일자리 감소보다 AI를 통한 생산성 증대로 고용의 순증 효과가 기대된다는 다소 온건한 견해도 함께 제시한 바 있다. WEF 보고서는 2030년까지 약 9200만 개의 일자리가 소멸될 수 있지만, 1억7000만 개의 새로운 직무가 창출되어 순증 7800만 개의 일자리 증가로 이어질 것으로 예측한다. 즉, AI는 파괴적 혁신이자 동시에 새로운 기회를 창출하는 기술이다.

인간만의 경쟁력

AI 시대에 인간 전문직이 유지해야 할 핵심 경쟁력은 무엇인가? 최근 훠턴(Wharton) 교수의 "역량 총합(skill bundling)" 전략은 기술 역량과 감성 지능, 창의성, 비판적 사고 등을 함께 갖춘 복합 역량이야말로 자동화에 저항 가능한 경쟁력이라고 설명한다. 또한 엘리나 마켈라

(Elina Makela)와 파비안 스테파니(Fabian Stephany) 등에 따르면 AI 보완형 스킬(디지털 리터러시, 팀워크, 탄력성 등)에 대한 수요와 임금 프리미엄이 크게 증가하고 있으며, 이는 대체형 스킬에 비해 최대 50% 더 큰 효과를 가진다고 분석했다.

복잡한 윤리적 딜레마 해결 능력 또한 인간만의 영역이다. 법적 분쟁에서 기술적 해석과 인간적 배려 사이의 균형을 찾거나, 의료 현장에서 환자의 최선의 이익을 위한 종합적 판단을 내리는 것은 단순한 규칙 적용의 영역을 넘어선다. 이러한 상황에서는 가치관, 윤리관, 그리고 인간에 대한 깊은 이해가 필요한 경우가 많다. 또한 인간의 또 다른 강점은 불확실한 상황에서의 유연성이다. 코로나19 팬데믹 같은 전례 없는 상황에서 기존의 규칙과 절차가 적용되지 않을 때, 인간 전문가들이 창의적 해결책을 찾아내며 원격 의료, 비대면 법무 서비스, 디지털 회계 프로세스 등의 혁신을 이룬 것은 모두 인간의 적응력과 창의성에서 비롯되었다.

감정과 공감을 통한 인간관계 관리는 어떤 AI도 대체할 수 없는 영역이다. 인간으로서 환자의 불안을 달래고, 의뢰인의 상황을 깊이 이해하며, 팀원들의 동기를 부여하는 것은 기술적 역량을 넘어선 인간적 소통 능력이 요구되고, 이는 앞으로 더 중요시될 것이다.

미래의 일하는 풍경

향후 5년, 10년 이후 일하는 풍경을 구체적으로 상상해 보면 다음과 같다. 5년 전(GPT 이전)에는 전문가가 직접 고객을 만나 상담을 진행하고, 각종 문서와 자료들을 수집, 분석하고 보고서를 작성하며 결정을 내렸다. 5년 후, 즉 2030년 이후에는 일하는 방식이 이렇게 바뀌지 않을까? 상담 일정 예약은 예약 에이전트를 통해 잡고, AI 에이전트들이 관련 문서, 자료를 온톨로지 기반 시스템에 업로드한다. 전체적인 구상이 확인되면 에이전트를 통해 초안을 구성하고, 전문가는 이를 다각도로 검토하고, 고객 접점에서 해당 내용을 해석하고 조정하며 윤리적 판단을 확인하는 역할을 한다. 10년 후(2035년 이후)에는 지금 기준으로 상상하긴 어렵지만 인간과 AI 에이전트가 협업하는 완전한 파트너십 모델이 정착해, 인간은 전략 기획, 감성적 통찰, 혁신적 가치를 창출하는 역할을 맡고, AI는 정형 데이터 처리, 패턴 인식, 루틴 수행을 자동으로 담당하게 될 것이다. 정부나 공무원 관점에서도 AI 가 다수 도입되어 판결 절차, 세무 신고 등이 에이전트 기반으로 진행될 수 있을 것이다.

새로운 조력자의 등장

이러한 시대적 전환 속에서 전문직이 살아남기 위해 필요한 조건은 분명하다. 첫째, 디지털 리터러시의 확보다. 단순히 AI를 사용할 줄 아는 수준을 넘어, 다양한 도구 중 어떤 것을 언제 어떻게 활용할 것인지 판단할 수 있는 전략적 능력이 요구된다. 이는 기술을 맹신하거나 배제하지 않고, 기술을 비판적으로 수용할 수 있는 '균형 감각'과도 연결된다. 둘째, 해석력과 설명 책임의 강화다. AI는 데이터를 근거로 예측과 판단을 제시하지만, 그 판단을 고객이나 국민에게 이해시키고 수용 가능하게 만드는 역할은 여전히 인간에게 남아 있다. 설명 가능성과 신뢰는 기술이 아닌 사람을 통해 완성되는 것이다. 셋째, 윤리적 감수성과 공공성을 기반으로 한 의사 결정 능력이 더욱 중요해진다. 기술이 만들어 내는 편향, 불투명한 알고리즘, 데이터 편식 등의 문제를 관리하기 위해선 전문가가 기술의 한계를 이해하고 적절히 제어할 수 있어야 한다.

더 흥미로운 변화는 '새로운 전문직의 등장'이다. AI 시대에는 기존 전문직뿐 아니라, 이들을 보완하고 지원하는 '전문직의 조력자들'이 필수 불가결한 역할을 할 것이다. 이들은 크게 두 가지 유형으로 나뉜다. 하나는 기술 해석자다. 이들은 AI 모델의 작동 원리를 이해하고, 모델이 제시하는 결과가 어떤 전제에서 도출되었는지를 설명해 주는 사람이다. 의료 인공지능의 결과가 왜 특정 병명을 지목했는지, 법률 AI가 왜 이런 논리를 제시했는지를 해석하는 이들은 기술과 비전문가 사이의 '통역자' 역할을 하게 된다. 다른 하나는 프롬프트 엔지니어, 멀티 에이전트 디자이너 같은 실무 조율자들이다. 복잡한 전문직 업무를 프롬프트로 정확히 분해하고, 각 역할을 수행하는 AI 도구들을 구성하는 기술은 단지 기술적 스킬을 갖추어서 되는 일이 아니라 해당 전문 영역의 문법과 구조를 깊이 이해해야 가능하다. 이들은 기존의 전문직을 완전히 대체하지 않지만, 전문직이 더욱 복잡한 상황 판단에 집중할 수 있도록 작업 구조를 설계해 주는 조력자들이다.

이처럼 전문직과 조력자는 미래에 '1인 전문가' 중심의 구조가 아닌, '팀 기반 복합 서비스'로 진화하게 될 것이다. 의료 서비스는 의사-간호사-의료 AI-데이터 해석가가 함께 구성하고, 회계 서비스는 회계사-AI 감사 도구-모델 검증 전문가가 팀을 이루며 제공될 것이다. 법률 서비스도 변호사-프롬프트 설계자-모델 리뷰어로 구성된 협업 시스템으로 바뀌게 된다. 이는 단지 분업을 넘어, 다양한 전문성이 유기적으로 결합되는 새로운 형태의 '복합적 전문성' 체계다.

이러한 변화는 교육에도 영향을 미친다. 더 이상 전문직 교육은 암기와 시험 중심일 수 없다. 실제 문제 해결을 기반으로 한 프로젝트 학습, AI와 협업할 수 있는 디지털 역량, 그리고 프롬프트 설계, 해석적 글쓰기, 비판적 토론과 윤리적 판단을 중시하는 교육으로 전환되어야 한다. 미래의 전문가는 한 분야의 지식에 정통한 사람뿐 아니라, 기술과 사람을 잇는 다리 역할을 할 수 있는 '통합적 사고'의 소유자여야 한다.

결국 우리는 이제 '지식이 부족해서 전문가를 찾는 시대'에서 '해석과 판단이 필요해서 전문가를 찾는 시대'로 이동하고 있다. 정보는 넘쳐나고, AI는 놀라운 효율로 일을 처리하지만, 그 정보를 어떻게 해석하고 판단할지는 여전히 사람의 영역이다. 전문직은 그 역할을 수행하기 위해 계속 진화할 것이며, AI는 그 여정을 함께하는 파트너가 될 것이다.

AI 시대의 전문직은 더 이상 기존의 틀 안에서만 평가되어선 안 된다. 우리는 이제 '기계보다 뛰어난가?'라는 질문 대신, '기계와 함께 어떤 가치를 창출할 수 있는가?'라는 질문을 던져야 한다. 전문직이 AI를 활용하고, 기술을 이해하며, 조력자와 협력할 수 있을 때 비로소 진정한 미래의 전문직으로 거듭날 수 있다. 이는 단지 기술에 적응하는 차원이 아니라, 공공의 이익을 위한 책임 있는 전문가로서 재탄생하는 과정이다. AI와 조력자, 그리고 인간 전문가가 공존하는 이 복합적 생태계가 바로 전문직의 다음 장(章)이 될 것이다.

참고문헌

Frey, C. B. & Osborne, M. A.(2013.9.1). The future of employment: How susceptible are jobs to computerisation?. *Oxford Martin School*, https://www.oxfordmartin.ox.ac.uk/publications/the-future-of-employment

Mäkelä, E. & Stephany, F.(2024.12.27). Complement or substitute? How AI increases the demand for human skills. *ArXiv*, https://arxiv.org/abs/2412.19754

PwC(2025). The fearless future: 2025 Global AI jobs barometer. AI makes people more valuable, https://www.pwc.com/gx/en/issues/artificial-intelligence/job-barometer/2025/report.pdf

World Economic Forum(2025.1.7). Future of Jobs Report 2025, https://www.weforum.org/publications/the-future-of-jobs-report-2025/

김예성

카이스트(KAIST) IT 경영학과를 졸업해 2008년 한국공인 회계사 시험에 합격했다. 딜로이트 안진 회계 법인 감사본부, 국제조세 본부를 거쳐 외국계 자동차 부품회사에서 아태평양 컴플라이언스, 세무팀장, 인사팀장을 두루 거쳤다. 2000년도에 인터넷, 모바일 기술이 사회를 바꾸는 것을 목도하며, 앞으로의 세상은 AI 기술이 크게 변화시킬 것을 믿고 합류한 음성 인식 인공지능 스타트업에서 CFO(최고재무담당자)를 담당하고 있다. 새로운 테크기술이 기업, 자본시장, 개인에게 미치는 변화에 관심이 높다.